はじめに

　平成28年1月からスタートしたマイナンバーに関する書籍が多数発刊されていますが、いずれも個人番号に関するものがほとんどです。本書は、会社・法人に関するマイナンバー法人番号制度をテーマとした、はじめての書籍です。

　ところで、法人番号制度を知るためになぜ商業登記のことを知らなくてはならないのでしょうか。

　その理由は、次のとおりです。

　法人番号は、法務局（登記所）に備えてある会社や法人の登記簿の「会社法人等番号（12桁）」の前に1桁の数字を国税庁が付番し13桁にしたものです。したがって、法人番号の元になっている登記所にある登記簿の記載事項に変更があった場合（たとえば、商号の変更、本店移転による所在地の変更など）、その変更の登記をしていなければ、誤ったままの情報が登録・公表されることになってしまいます。このことが、多くの法人番号指定通知書が届かないで戻ってきている要因のひとつとなっているのです。

　また、すでに法人番号を取得している場合でも、商号変更や所在地変更をした場合には、速やかに変更登記をしないと、登記懈怠（けたい）として100万円以下の過料に処せられたり、誤った情報が公表され業務に支障が生じることにもなりかねません。

　国税庁によると、この法人番号の通知を平成27年10月から郵便にて約432万先に発送したところ、約93万先（4先に1先）が不達として戻ってきてしまいました。その理由の多くは、「あて所に尋ねあたりません」として返戻されているとのことです（なかには、郵便局員が個人番号の取扱いと同じだと勘違いして、転送しなかったケースもあったようですが）。

　いずれにしても、不達先の大量発生の理由を調査すべく、そもそも会社法人等番号を付した法務省と、それを受けて現実に発送し、返送分を保管中の国税庁等の各種統計資料を調査したところ、次のような事実がわかりました。

　　A．所得税の申告をしている株式会社（特例有限会社を含む）　　2,457千社
　　B．登記されている株式会社　　1,763千社
　　C．所得税を申告している特例有限会社（A－B）　　694千社
　　D．登記されている特例有限会社　　1,620千社
　　E．倒産・廃業等で実態はないが解散・清算登記をしていない
　　　　特例有限会社（D－C）　　926千社

Eの926千社の特例有限会社は、不達930千先とほぼ同じ数です。つまり、法務局の会社登記簿には登記されているが、実際にはこの世の中には存在しない「幽霊会社」というわけです。

　なぜこのようなことが起こるのかといえば、会社法・商業登記法上は、倒産・廃業した場合は、本来ならば会社解散・清算の登記をすべきですが、このような状態になった会社が、登録免許税のかかる登記手続をするはずもなく、そのまま放置されているということです。税務当局も申告すべき書類を送付、訪問しても、「あて所に尋ねあたりません」で、それ以上は進みません。奇しくも、マイナンバー法人番号制度から、会社法、商業登記法、登録免許税法の問題点が浮き彫りにされました。

　なお、当然のことながら現実に存在している会社は、商号変更、所在地変更（本店移転）をしている場合はその変更登記をしておかないと郵便物は届きません。また、インターネットの登記情報には誤った情報が記録されてしまうことになります。

　登記所提出用の申請書の書式は法務省のホームページに掲載されていますので、司法書士、税理士等の専門家に依頼しなくても、自ら変更登記をすることができます。

　　2016年6月

　　　　　　　　　　　　　　　　　　登記と金融実務研究会 代表　山 本 芳 治

〈追記〉

　全国の法務局では、平成26年度以降、毎年、休眠会社の整理作業を行っています。休眠会社または休眠一般法人について、法務大臣による公告および登記所からの通知がされ、この公告から2カ月以内に事業を廃止していない旨の届出または役員変更等の登記をしない場合には、登記官が職権で解散の登記（みなし解散の登記）がなされます（40ページ参照）。

　みなし解散登記制度による通知は、平成26年11月11日約8万7千先に発送され、翌27年1月20日約7万9千先について職権による解散登記がされました。特例有限会社にはこのみなし解散制度の適用はなく、93万の不達郵便物は焼却を待つばかりですが、依然として登記は残ることとなりこの問題の解決は先送りされたままです。

　そこで筆者は以下の提案をします。

1．特例法を制定し、今回の不達保管分については、一定の期間たとえば5年以内に会社が存在することが判明した場合には、「まだ事業を廃止していない」旨の届出と必要な手続（商号変更登記、本店所在地変更登記）などを行う。
　　届出のない場合は解散しているものとみなし、職権で解散の登記をする。解散の登記をした場合は、現行の商業登記規則81条1項1号の手続をとることとします。

　　【参考】商業登記規則81条1項1号
　　　　　　次に掲げる場合には、登記官は、当該登記記録を閉鎖することができる。
　　　　　一　解散の登記をした後10年を経過したとき。（以下略）

2．現存する特例有限会社については、会社を継続する意思のない場合は解散の登記をする。この場合、登録免許税は不要とする。その後は前記商業登記規則81条を適用し、登記記録を閉鎖することにより、いわゆる「幽霊会社」の存在をなくすことができる。

　　【参考】登録免許税の所管官庁は財務省であり、登記手数料等の所管官庁は法務省である。

CONTENTS

はじめに ………………………………………………………………………… 1

PART 1 マイナンバー法人番号とは

（1）法人番号とは ……………………………………………………………… 7
（2）法人番号の活用メリット ………………………………………………… 9
　【資料1】第一電気機器株式会社の履歴事項全部証明書 ………………… 10
　【資料2】株式会社ビジネス教育出版社の履歴事項全部証明書（抜粋） … 12
　【資料3】法人番号指定通知書（株式会社ビジネス教育出版社の情報）… 13
（3）法人番号Q＆A …………………………………………………………… 14

PART 2 会社・法人登記簿および印鑑証明制度の基礎知識

1　株式会社登記簿の基礎知識 ………………………………………………… 21
（1）商業登記とは ……………………………………………………………… 21
（2）商業登記と登記簿の種類 ………………………………………………… 22
　❶ 登記事項とはなにか ……………………………………………………… 22
　❷ 商業登記の種類と商業登記簿 …………………………………………… 22
（3）商業登記によって生じる効力 …………………………………………… 23
　❶ 登記の一般的効力 ………………………………………………………… 23
　❷ 登記の特殊な効力——登記の形成力とはなにか ……………………… 24
2　株式会社の定款の記載事項 ………………………………………………… 25
（1）定款とは …………………………………………………………………… 25
　❶ 定款は会社の憲法 ………………………………………………………… 25
　❷ 定款の見本例 ……………………………………………………………… 25
（2）定款の記載または記録事項 ……………………………………………… 28
　❶ 絶対的記載事項 …………………………………………………………… 28
　❷ 相対的記載事項 …………………………………………………………… 32
　❸ 任意的記載事項 …………………………………………………………… 41
3　会社登記簿の基礎知識 ……………………………………………………… 41
（1）会社の種類 ………………………………………………………………… 41

（2）持分会社とは ……………………………………………………………… 41
4　法人登記簿の基礎知識 …………………………………………………… 47
（1）法人とは …………………………………………………………………… 47
（2）法人登記とは ……………………………………………………………… 47
（3）法人登記簿の入手方法 …………………………………………………… 48
（4）一般社団法人・一般財団法人とは ……………………………………… 48
（5）公益社団法人・公益財団法人とは ……………………………………… 49
（6）医療法人の登記簿 ………………………………………………………… 49
（7）学校法人の登記簿 ………………………………………………………… 50
（8）宗教法人の登記簿 ………………………………………………………… 51
（9）中小企業等協同組合の登記簿 …………………………………………… 53
5　会社登記簿・法人登記簿をとるまでの手順と閲覧制度 ……………… 54
　❶ 登記所とは ………………………………………………………………… 54
　❷ どこの登記所に行けばよいか …………………………………………… 55
　❸ コンピュータ登記簿 ……………………………………………………… 56
6　印鑑証明書および資格証明書制度の基礎知識 ………………………… 61
（1）印鑑証明書制度 …………………………………………………………… 61
　❶ 契約書等に実印を押す意味 ……………………………………………… 61
　❷ 登記所に印鑑を提出する意味 …………………………………………… 62
　❸ 印鑑の提出はどのようにするのか ……………………………………… 63
　❹ 印鑑証明書の請求方法 …………………………………………………… 65
（2）資格証明書 ………………………………………………………………… 67

PART 3　自社でできる商号・本店所在地変更および解散・清算の登記

1　商号変更登記と登記記録例 ……………………………………………… 69
（1）商号の変更登記 …………………………………………………………… 69
（2）株主総会の決議 …………………………………………………………… 69
（3）登記申請手続 ……………………………………………………………… 69
（4）登記記録例 ………………………………………………………………… 73
2　本店移転による所在地変更登記と登記記録例 ………………………… 73
（1）本店の移転 ………………………………………………………………… 73
（2）登記申請手続 ……………………………………………………………… 74
（3）登記記録例 ………………………………………………………………… 74

3　解散・清算の登記 ･･･ 81
（1）解散および清算人選任の登記 ･･ 81
（2）清算結了の登記 ･･ 87
　1 実体上の手続 ･･ 87
　2 登記申請手続 ･･ 87

PART 4　特例有限会社の登記簿と株式会社への移行手続

（1）株式会社と有限会社を1つの会社類型（株式会社）として統合 ･････････････ 91
（2）特例有限会社の登記簿 ･･ 93
　1 旧有限会社と特例有限会社 ･･ 93
　2 特例有限会社の商号変更による株式会社への移行 ････････････････････････ 93

PART 1　マイナンバー法人番号とは

1　法人番号とは

　平成27年10月から「社会保障・税番号制度（マイナンバー制度）」が導入され、個人番号および法人番号が各個人および会社・法人等に対して通知されています。個人の場合は平成28年分の確定申告から、法人の場合は平成28年1月1日から開始する事業年度の決算にかかわる税務署への提出書類にマイナンバーを付すこととされました。

　これに伴い商業登記法の一部が改正され、登記簿に会社法人等番号を記録する旨の規定が設けられました（同法7条）。そして、マイナンバー法（平成25年法律第27号「行政手続における特定の個人を識別するための番号の利用等に関する法律」）60条1項において「国税庁長官は（中略）法人番号の指定を行うために必要があると認めるときは、法務大臣に対し、商業登記法第7条に規定する会社法人等番号その他の当該登記簿に記録された事項の提供を求めることができる」と規定されています。

(1)　法人番号はどのようにしてつけられるか

　一言でいうと、会社等登記簿には会社法人等番号（12桁の数字）が登記されており（支店の登記簿を除く）、法人番号（13桁）はこの登記簿に記録された会社法人等番号（12桁）の前に1桁の数字を付したものです。

　＊資料1（10ページ）、第一電気機器株式会社の「履歴事項全部証明書」の1／3（右下に記載あり）の左上に「会社法人等番号　0000－00－000000」とあるものです（12・13ページの資料2・資料3参照）。

(2)　法人番号の指定は誰がするのか

国税庁長官が指定します。

(3)　指定される法人は

① 設立登記法人…具体的には株式会社、特例有限会社、協同組合、医療法人、一

般社団（財団）法人、公益社団（財団）法人、宗教法人、特定非営利活動法人等、法令の規定により設立の登記を行った法人をいいます。

② 国の機関（省庁など）

③ 地方公共団体（都道府県、市区町村など）ほか

④ これ以外の法人または法人格のない社団等で法人税・消費税の申告納税義務または給与等に係る所得税の源泉徴収義務を有することとなる団体…総数430万の会社・法人等

（注）法人の支店・事業所等や個人事業者は対象ではありません。

(4) どのようにして通知されるのか

法人番号は、平成27年10月から、書面により「登記上の本店所在地」に法人番号指定通知書（13ページ資料3参照）が郵送で届けられます。したがって、商号（会社のとき）や名称（法人のとき）の変更または、本店（会社のとき）や主たる事務所（法人のとき）の移転に伴う登記手続を行っていない会社・法人については速やかに管轄登記所で変更の登記をするよう、法務省では促しています。「未済の場合、法人番号指定通知書に、変更前の商号または名称・所在地が記載され、変更前の所在地宛てに送付されたり、変更前の情報が公表されてしまう恐れがあります。変更手続を確実に実施していただけますようお願いします」（国税庁）と促しています。

(5) 商号変更・本店移転の登記申請の仕方

登記申請の仕方は、69ページ以下で解説します。それぞれ登録免許税30,000円が必要ですが、自分ですれば勉強になり、司法書士等への手続代行費用もかからないという実益があります。登記所でも相談に応じてくれます。基礎となる知識は本書で学習してください。

(6) 法人番号の公表

法人番号は、原則としてインターネット（国税庁・法人番号公表サイト）を通じて公表され、誰でも自由に利用することができます。

なお、通知書の記載内容は、「国税庁法人番号公表サイト」で検索することにより確認または印刷することができます。

(7) 公表される情報はなにか

公表される情報は、①商号または名称、②本店または主たる事務所の所在地、③法人番号（基本3情報）です。また、法人番号の指定を受けた後に、商号や所在地等に

変更があった場合には、公表情報を更新するほか、変更履歴も併せて公表することとしています。

2　法人番号の活用メリット

　国税庁では、法人番号の活用メリットとして、次のことをPRしています（国税庁リーフレットより抜粋）。

　法人番号を使うと、以下のようなことができるようになります。

- わかる。
  - 法人番号により法人等の名称・所在地がわかる。
  - （例）法人番号をキーに法人の名称・所在地が容易に確認可能

- つながる。
  - 法人番号を軸に法人等がつながる。
  - （例）複数部署又はグループ各社において異なるコードで管理されている取引先情報に、法人番号を追加することにより、取引情報の集約や名寄せ作業が効率化

- ひろがる。
  - 法人番号を活用した新たなサービスがひろがる。
  - （例）行政機関間での法人番号を活用した情報連携が図られ、行政手続における届出・申請等のワンストップ化が実現すれば、法人側の負担が軽減

【資料1】 第一電気機器株式会社の履歴事項全部証明書

履歴事項全部証明書

東京都中央区日本橋茅場町一丁目2番1号
第一電気機器株式会社

会社法人等番号	0000-00-000000	
商　号	<u>第一電器株式会社</u>	
	第一電気機器株式会社	平成30年　6月　1日変更
		平成30年　6月　5日登記
本　店	<u>東京都中央区京橋一丁目1番1号</u>	
	東京都中央区日本橋茅場町一丁目2番1号	平成30年　6月　1日移転
		平成30年　6月　5日登記
公告をする方法	当会社の公告は，東京都において発行される日本新聞に掲載する	
貸借対照表に係る情報の提供を受けるために必要な事項	ｈｔｔｐ：／／ｗｗｗ．ｄａｉ－ｉｃｈｉ－ｄｅｎｋｉ．ｃｏ．ｊｐ／ｋｅｓｓａｎ／ｉｎｄｅｘ．ｈｔｍｌ	平成30年　6月　1日設定
		平成30年　6月　5日登記
会社成立の年月日	平成28年　6月　1日	
目　的	<u>1．家庭電器用品の製造及び販売</u> <u>2．家具、什器類の製造及び販売</u> <u>3．光学機械の販売</u> <u>4．前各号に附帯する一切の業務</u>	
	1．家庭電器用品の製造及び販売 2．家具、什器類の製造及び販売 3．光学機械の販売 4．電子複写機の販売 5．前各号に附帯する一切の業務 　　　平成30年　6月　1日変更　平成30年　6月　5日登記	
単元株式数	5株	
発行可能株式総数	4000株	
発行済株式の総数並びに種類及び数	発行済株式の総数 　　　1000株	
資本金の額	金1000万円	

整理番号　エ072589　　　＊　下線のあるものは抹消事項であることを示す。　　　1／3

東京都中央区日本橋茅場町一丁目2番1号 第一電気機器株式会社			
株式の譲渡制限に関する規定	当会社の株式は、取締役会の承認がなければ譲渡することができない。		
株券を発行する旨の定め	当会社の株式については，株券を発行する。		
役員に関する事項	<u>取締役　　　　甲　野　太　郎</u>		
	取締役　　　甲　野　太　郎	平成30年　6月　1日重任	
		平成30年　6月　5日登記	
	<u>取締役　　　　乙　野　次　郎</u>		
	取締役　　　乙　野　次　郎	平成30年　6月　1日重任	
		平成30年　6月　5日登記	
	<u>取締役　　　　丙　野　五　郎</u>		
	取締役　　　丙　野　五　郎	平成30年　6月　1日重任	
		平成30年　6月　5日登記	
	<u>東京都世田谷区三軒茶屋一丁目10番2号</u> <u>代表取締役　　甲　野　太　郎</u>		
	東京都文京区目白台一丁目21番5号 代表取締役　　甲　野　太　郎	平成30年　6月　1日重任	
		平成30年　6月　5日登記	
	<u>東京都世田谷区三軒茶屋一丁目10番1号</u> <u>代表取締役　　乙　野　次　郎</u>		
	東京都文京区目白台一丁目21番5号 代表取締役　　乙　野　次　郎	平成30年　6月　1日重任	
		平成30年　6月　5日登記	
	監査役　　　丁　野　六　郎		
	監査役　　　戊　野　七　郎 （社外監査役）		
	監査役　　　戊　野　八　郎 （社外監査役）		

整理番号　エ072589　　　＊　下線のあるものは抹消事項であることを示す。　　　2／3

東京都中央区日本橋茅場町一丁目2番1号
第一電気機器株式会社

支 店	1 神奈川県横浜市中央区北仲通一丁目3番1号
存続期間	会社成立の日から満50年
取締役会設置会社 に関する事項	取締役会設置会社
監査役設置会社に 関する事項	監査役設置会社
監査役会設置会社 に関する事項	監査役会設置会社
登記記録に関する 事項	設立 平成28年 6月 1日登記

これは登記簿に記録されている閉鎖されていない事項の全部であることを証明した書面である。
　　　　平成○年 ○月 ○日
　　　　○○法務局○○出張所
　　　　登記官　　　　　　○　○　○　○　　職印

整理番号 エ072589　　＊　下線のあるものは抹消事項であることを示す。　　3／3

【資料2】株式会社ビジネス教育出版社の履歴事項全部証明書（抜粋）

履歴事項全部証明書

東京都千代田区九段南四丁目7番13号
株式会社ビジネス教育出版社

会社法人等番号（12桁）

会社法人等番号	0100-01-027281		
商　号	株式会社ビジネス教育出版社		
本　店	東京都千代田区五番町5番地5	平成12年11月23日移転	
		平成12年11月24日登記	
	東京都千代田区九段南四丁目7番13号	平成24年10月13日移転	
		平成24年10月15日登記	

【資料3】法人番号指定通知書（株式会社ビジネス教育出版社の情報）

（送付先）
102-0074
東京都千代田区九段南四丁目7番13号

株式会社ビジネス教育出版社　御中

平成27年10月5日

10046758
R0003764

国　税　庁　長　官
（官印省略）

法人番号指定通知書

　行政手続における特定の個人を識別するための番号の利用等に関する法律の規定により、下記のとおり法人番号を指定したことを通知します。

記

法人番号（13桁。12桁の会社法人等番号の前に1桁数字を追加）

法人番号（13桁）		8 0 1 0 0 0 1 0 2 7 2 8 1
法人番号の指定を受けた者※1	商　号又は名称	株式会社ビジネス教育出版社
	本店又は主たる事務所の所在地	東京都千代田区九段南四丁目7番13号
	国内における主たる事務所等の所在地※2	
法人番号指定年月日		平成27年10月5日
国税庁法人番号公表サイトの表記※3	商　号又は名称	株式会社ビジネス教育出版社
	本店又は主たる事務所の所在地	東京都千代田区九段南4丁目7番13号
	国内における主たる事務所等の所在地※2	

※1　通知書作成日現在の情報に基づく表記です。
※2　法人番号の指定を受けた者が外国法人等の場合に記載しています。
※3　国税庁法人番号公表サイトでは、JIS第1水準及び第2水準以外の文字をJIS第1水準及び第2水準の文字に置換えしています。
　　　また、人格のない社団等については、あらかじめその代表者又は管理人の同意を得た場合に公表する表記です。

(G151012-1027040)

3　法人番号Q＆A

　国税庁・法人番号公表サイトには、法人番号に関するよくある質問として、次のようなQ＆Aが収録されています。ここではその一部を抜粋して紹介しておきます。

【法人番号の指定】
Q　法人番号はどのような団体に指定されますか。
A　法人番号は、1．国の機関、2．地方公共団体、3．会社法その他の法令の規定により設立の登記をした法人（設立登記法人）のほか、4．設立登記法人以外の法人（法人設立登記のない法人）又は人格のない社団等であって、法人税・消費税の申告納税義務又は給与等に係る所得税の源泉徴収義務を有することとなる団体に指定されます。
　4について、より具体的に申し上げますと、税法上、給与等の支払をする事務所の開設等の届出書、内国普通法人等の設立の届出書、外国普通法人となった旨の届出書、収益事業開始の届出書又は消費税課税事業者届出書を提出することとされている団体に対して、法人番号が指定されます。
　なお、法人番号を指定されない法人又は人格のない社団等であっても、個別法令で設立された国内に本店を有する法人や国税に関する法律に基づき税務署長等に申告書・届出書等の書類を提出する団体など一定の要件に該当するものは、国税庁長官に届け出ることによって法人番号の指定を受けることができます。
　また、法人番号は1法人に対し1番号のみ指定されますので、法人の支店や事業所等、個人事業者及び民法上の組合等には法人番号は指定されません。

Q　「人格のない社団等」とは、具体的にどのような団体のことをいいますか。
A　番号法において、人格のない社団等とは、「法人でない社団若しくは財団で代表者若しくは管理人の定めがあるもの」とされています。法人でない社団又は財団で代表者又は管理者の定めがあるものとは、従来の税務上の取扱いと同様、当該社団又は財団の定款、寄附行為、規約等によって代表者又は管理人が定められている場合のほか、当該社団又は財団の業務に係る契約を締結し、その金銭、物品等を管理する等の業務を主宰する者が事実上あることを含みます。
　具体的には、
　1．団体としての組織を備えていること、
　2．多数決の原則が行われていること、
　3．構成員が変更しても団体そのものは存続すること、
　4．その組織によって代表の方法、総会の運営、財産の管理その他団体としての主要な点が確定していること、
の要件が備わる団体が該当することになります。
　また、民法上の組合（民法第667条第1項）、匿名組合（商法第535条）、投資事業有

限責任組合(投資事業有限責任組合契約に関する法律第3条第1項)、有限責任事業組合(有限責任事業組合契約に関する法律第3条第1項)は、当事者間の契約にすぎないことから、人格のない社団等には該当しません。

【法人番号の通知】
Q 新たに法人を設立しますが、法人番号の指定通知書を受け取る際に注意すべきことはありますか。また、法人番号指定通知書が届かない場合はどうすればいいのですか。
A ・新たに法人を設立する際の注意事項について
　法人番号指定通知書は登記上の本店所在地に送付しております。
　このため、設立後間もないため登記上の本店所在地に未入居である、稼働実態が異なる場所にあるといった理由により、本店所在地で郵便物が受け取れないおそれがある場合には、郵便局の転居・転送サービスをご利用ください。
　また、郵便受けや表札に法人名が表示をしていない場合には通知書が届かないこともありますので、ご注意ください。
　・**法人番号指定通知書が届かない場合について**
　すぐに法人番号等を確認・利用したい場合には、当サイトで、法人名及び所在地等から検索することにより、法人番号を確認できます。また、確認した法人情報の画面は、印刷することができますので、ご活用ください。
　法人番号指定通知書は、登記上の本店所在地へ送付しております。法人番号指定通知書の発送予定日(下記の関連FAQを参照)後しばらく経過しているにもかかわらず通知書が届かない場合は、個別に対応していますので、法人番号管理室(0120-053-161)までご連絡ください。

Q 法人番号指定通知書を紛失した場合は、どうすればいいのですか。
A 法人番号指定通知書は、法人番号をお知らせするためのものですので、原則として、通知書の再送付は行っていません。
　ご自身の法人番号等は、当サイトで、法人名及び所在地等から検索することによりご確認いただけます。また、確認した法人情報の画面は、印刷することができます。
　当サイトで法人番号等の確認ができない場合(公表に同意していない人格のない社団等の場合)などは、法人番号管理室(0120-053-161)までご連絡ください。

Q 新たに設立登記した法人には、法人番号はいつ通知されるのですか。
A (平成27年10月20日以降に新たに設立登記をされた法人の場合)
　法人番号指定通知書は、設立登記が完了して一週間程度で、登記されている本店に普通郵便でお届けします。
　なお、当サイトでの公表は、通知書発送日の2稼働日後の夕刻に行います。
　(中略)

Q 新たにできた設立登記のない法人及び人格のない社団等が税務署へ申告書・届出書を提出した場合は、法人番号はいつ通知されますか。

A （平成28年1月6日以降に税務署へ申告書・届出書を提出された場合）

　新たにできた設立登記のない法人及び人格のない社団等については、法人番号指定通知書を税務署へ申告書・届出書を提出した日から二週間程度で、申告書・届出書に記載された主たる事務所の所在地に簡易書留でお届けします。

　なお、審査に二週間以上の時間を要する場合がありますが、審査が終わり次第、速やかに通知書を発送いたします。

　また、当サイトでの公表は、設立登記のない法人については、通知書発送日の2稼働日後の夕刻に行います。

　人格のない社団等については、「法人番号等の公表同意書」をご提出していただいた場合に公表します。

　（中略）

Q　人格のない社団等が、法人番号の指定を受けるための届出をした場合、法人番号はいつ通知されますか。

A　（平成28年1月9日以降に法人番号の指定を受けるための届出をされた場合）

　法人番号管理室に「法人番号の指定を受けるための届出書兼法人番号等の公表同意書」が届いた日から一週間程度で届出書に記載された主たる事務所の所在地に法人番号指定通知書をお届けします。

　また、審査に一週間以上の時間を要する場合がありますが、審査が終わり次第、速やかに通知書を発送いたします。

　なお、当サイトでの公表は、届出書において公表に同意されている場合のみ、通知書発送日の2稼働日後の夕刻に公表をします。

　（中略）

【法人番号の公表】

Q　法人番号はどのように公表されるのですか。また、どのような情報が公表されるのですか。

A　法人番号は、当サイトで公表します。

　公表される情報は、法人番号の指定を受けた団体の、1．商号又は名称、2．本店又は主たる事務所の所在地及び3．法人番号の3項目（基本3情報）です。

　また、法人番号の指定を受けた後に、商号や所在地等に変更があった場合には、公表情報を更新するほか、変更履歴も併せて公表します。

　なお、番号法では、法人番号の指定を受けた団体のうち人格のない社団等については、基本3情報を公表することにつき代表者又は管理人の同意を得なければならないとされています。そのため、公表に同意した人格のない社団等についてのみ、基本3情報を公表します。

Q　法人番号等の基本3情報（商号や本店所在地及び法人番号）は、なぜ公表されるのですか。

A　法人番号は、マイナンバー（個人番号）と異なり自由に流通させることができ、官

民を問わず様々な用途で利活用されることが期待されています。

　そのため、法人番号保有者を識別するために必要な情報提供手段として、番号法において、法人番号保有者の１．商号又は名称、２．本店又は主たる事務所の所在地及び３．法人番号の３情報を公表する規定が設けられました。

（参考）

　　人格のない社団等の中には、名称や主たる事務所の所在地について公表を望まないために法人格を取得していない団体があることも想定されるため、そのような人格のない社団等の権利を尊重する趣旨で、基本３情報の公表に際してその代表者又は管理人の同意が必要とされています。

Q　設立登記法人ですが、本店所在地の変更登記をしました。法人番号の関係で何か手続が必要ですか。

A　法人名や本店所在地の変更登記を行った場合、法人番号の関係では特段の手続は必要ありません（法務省から国税庁へ情報が自動的に連絡される仕組みになっています。）。

　ただし、税務署へ提出する「異動届出書」は従来どおり提出する必要がありますので、ご注意ください。

　なお、法人名・所在地に変更があっても一度付番された法人番号は変更されることはなく、法人名、所在地が変更になったことの通知も行いません。

　法務局で手続をされた変更情報は、一定期間経過後、当サイトで確認することができるようになります。

（注）納税地の異動があった場合には、異動前の納税地の所轄税務署長及び異動後の納税地の所轄税務署長宛に提出する必要があります。

Q　清算の結了等により法人格が消滅した場合、法人番号は抹消されるのですか。

A　法人番号は、一度指定されますと、自由に流通させることができ、官民を問わず様々な用途で利活用することとされておりますので、法人番号を保有する法人（法人番号保有者）が清算の結了等により消滅したからといって、転々と流通する法人番号が直ちに不要になるものではなく、法人番号に関連付けられた情報（特定法人情報と言います。）の授受が行われる限り利用されるものであることから、抹消されることはなく、同一番号が他の法人に使用されることもありません。

　なお、公表を行った法人番号保有者について清算の結了等の事由が生じた場合には、当該事由が生じた旨及び当該事由が生じた年月日を公表しています。

【法人番号の指定に関するお尋ね】

Q　「法人番号の指定に関するお尋ね」は必ず提出しなければならないのですか。

A　「法人番号の指定に関するお尋ね」は、税務署に提出された収益事業開始届出書等の税法上の届出書（注）に基づいて法人番号を指定した設立登記のない法人及び人格のない社団等の皆様にお送りしています。

　「法人番号の指定に関するお尋ね」の提出がないことを理由に、行政手続上不利益

な取扱いがされることはありませんが、正確な法人番号の指定のために国税庁にて確認をさせていただきたく、お手数ではございますが、「回答用紙」をご提出いただきますよう、よろしくお願いいたします。

(注) 給与支払事務所等の開設届出書（所得税法第230条）
　　　法人設立届出書（法人税法第148条）
　　　外国普通法人となった旨の届出書（法人税法第149条）
　　　収益事業開始届出書（法人税法第150条）
　　　消費税課税事業者届出書（消費税法第57条）

Q　当団体は、PTAとして活動している団体ですが、（中略）「人格のない社団等」に該当するのですか。

A　番号法において、人格のない社団等とは、「法人でない社団若しくは財団で代表者若しくは管理人の定めがあるもの」とされ、次の4つの要件すべてが備わる団体が該当します。
　1．団体としての組織を備えていること
　2．多数決の原則が行われていること
　3．構成員が変更しても団体そのものは存続すること
　4．その組織によって代表の方法、総会の運営、財産の管理その他団体としての主要な点が確定していること

（中略）
　また、PTA以外にも、登記のない労働組合、同業者団体、保険代行業等の収益事業を行っている団体、同好会、慈善団体等のうち、上記の要件を満たす場合は、人格のない社団等に該当します。

【提供データ（検索・閲覧、ダウンロード、媒体提供、Web-API 共通）】

Q　公表されているデータの郵便番号が誤っているので修正してほしい。

A　所在地に外字が使用されている場合や、住居表示の変更に伴う変更登記を行われていない場合に、正確に郵便番号が登録されないことがあります。
　お手数ですが、下記お問い合わせ先にご連絡ください。
　なお、公表しているデータの郵便番号は、国税庁において法人番号指定通知書を発送するために、登記されている所在地の文字情報を基に、機械的に一般郵便番号を設定したものです。そのため、ビルや大口事業所に係る個別郵便番号を登録することはできません。予めご了承ください。

（お問い合わせ先）
　〒113-8582
　東京都文京区湯島4丁目6番15号　湯島地方合同庁舎
　国税庁　長官官房企画課　法人番号管理室
　TEL：0120-053-161

　（注）IP電話で上記ダイヤルに繋がらない場合は、03-5800-1081におかけください（通話

料金がかかります）。

（電話受付時間）

平日：午前8時45分から午後6時まで

（注） 土日祝日及び年末年始（12月29日から1月3日）は執務を行っておりません。

Q 地番が無いデータがあります。入力ミスではないですか。
A 公表している所在地は、登記等がされている所在地を表示しています。データとして誤っているものではありません。

Q 法人の種類を示す組織名称の位置（前株、後株等）について把握する方法はありますか。
A 法人の種類を表す組織の名称の位置（前株、後株等）については、データ項目として提供はしていませんので、法人名を確認することにより判断していただくことになります。
（中略）

【法人番号の利活用】
Q 法人番号の導入メリットは何ですか。
A 法人番号導入のメリットとして、行政の効率化、公平性・公正性の向上、企業の事務負担軽減、新たな価値の創出が期待されます。
　法人番号を使うと、以下のようなことができるようになります。
（法人番号により法人の名称・所在地がわかる。）
・法人番号をキーに法人の名称・所在地が容易に確認可能
・鮮度の高い名称・所在地情報が入手可能となり、法人の保有する取引先情報の登録・更新業務が効率化
（法人番号を軸に法人がつながる。）
・複数部署又はグループ各社において異なるコードで管理されている取引先情報に、法人番号を追加することにより、取引情報の集約や名寄せ業務が効率化
・行政機関間において、法人番号付で個別の法人に関する情報の授受が可能となれば、法人の特定や名寄せ、紐付け作業が効率化
（法人番号を活用した新たなサービスがひろがる。）
・行政機関間での法人番号を活用した情報連携が図られ、行政手続における届出・申請等のワンストップ化が実現すれば、法人（企業）側の負担が軽減
・民間において、法人番号を活用して企業情報を共有する基盤が整備されれば、企業間取引における添付書類の削減等の事務効率化が期待されるほか、国民に対しても有用な企業情報の提供が可能

Q 法人番号の利用範囲はマイナンバー（個人番号）と同じですか。
A 法人番号は、マイナンバーとは異なり利用範囲の制約がありませんので、どなたで

も自由にご利用いただくことができます。

　平成28年1月以降は、税分野における手続においても法人番号を利用することとされており、例えば、法人税の申告の場合、平成28年1月以降に開始する事業年度に係る申告から法人番号を記載いただくことになります。

【その他】

Q　法人番号の指定や通知書の発送及び法人番号等の公表業務は、国税庁のどの部署で行っているのですか。

A　法人番号の指定や通知書の発送及び法人番号等の公表業務は、国税庁本庁に新しく設置された専担部署（法人番号管理室）において行っています。

　〒113-8582
　東京都文京区湯島4丁目6番15号　湯島地方合同庁舎
　国税庁　長官官房企画課　法人番号管理室
　TEL：0120-053-161

（注）IP電話で上記ダイヤルに繋がらない場合は、03-5800-1081におかけください（通話料金がかかります）。

（電話受付時間）
　平日：午前8時45分から午後6時まで

（注）土日祝日及び年末年始（12月29日から1月3日）は執務を行っておりません。

　各国税局及び税務署では、法人番号の指定、通知、公表に係る業務は行っておりませんので、ご留意ください。

PART 2　会社・法人登記簿および印鑑証明制度の基礎知識

1　株式会社登記簿の基礎知識

1　商業登記とは

　会社の登記のことを「商業登記」といいます。

　商業登記という言葉は、不動産登記ほどには聞きなれない言葉かと思います。

　金融機関で、会社等の法人と融資取引を開始するときや、既取引先が組織変更をしたとき、また既取引先の取締役、代表取締役や監査役等の役員が変わった場合などに、その会社の登記簿などをとりよせて調べることとなります。私たちの住んでいる現在の社会においては、なんらかの取引をする場合、相手方の権利能力等の調査をする必要があり、この商業登記制度のお世話になることとなります。

　このように商業登記というのは、会社や個人商人が取引するうえで、重要な一定の事項を登記所に備えてある商業登記簿に記載等してする登記のことをいいます。

　商業登記の制度が必要となったのは、近代社会の発展にともない、経済活動の面で不特定多数の商人間の取引が日常的になるにつれ、相手がいかなる者であるかを公示する必要が生じてきたことによります。つまり、相手の商人について、取引の前に独力で調査することは大変ですし、また、こちらから取引相手の商人に対して自分のなんたるかをそのつど知らせることも、これまた面倒なことです。

　そこで、あらかじめ商人についての一定の重要な事項（なにを登記すべきかは会社法等で特定されています）を商業登記簿に記載等して一般第三者に公示し、公示された事項は、当然知っているものとすれば、取引する者にとっても便利です。したがって、各登記について登記すべき期間が定められています。また、登記期間経過後に申請した場合過料に処せられることはあっても、そのことのみをもって却下されることはありません。このように、取引の安全と迅速化をはかることを目的とすると同時に、商人自身の信用を保持するために設けられたのが商業登記制度で、1893年（明治

26年）7月1日から施行されており、すでに100年以上の歴史をもっています。

2 商業登記と登記簿の種類

1 登記事項とはなにか

登記事項とは、会社法、商業登記法等で、登記をしなければならないと定められている事項および登記をすることができると定められている事項のことをいいます。登記事項のことを、商業登記法では「登記すべき事項」とよんでいます。

なお、登記事項の中には、必ず登記しなければならないと定められている絶対的登記事項と、登記するか否かが商人の任意とされている任意的登記事項とがあります。会社の登記については原則として会社法第7編（雑則）第4章（登記）の規定により登記が強制されており、これを怠ると登記懈怠として100万円以下の過料に処せられます（976条1号）。

これに対して個人商人に関しては登記するか否かが商人の任意とされており後者で任意的登記事項ですが、この場合も登記されるとその後変更が生じたときは、その変更の登記をしなければならない絶対的登記事項となります（商法10条）。

2 商業登記の種類と商業登記簿

商業登記は、不動産登記と同じく登記所に備えてある登記簿に記載してする登記です。不動産登記を記載する登記簿を不動産登記簿というのに対して、商業登記を記載する登記簿ですから、これを商業登記簿といいます。

次のように、登記簿は登記の種類ごとに作られています。

(1) 会社以外のものに関する登記
　① 商号の登記→商号登記簿
　② 未成年者の登記→未成年者登記簿
　③ 後見人の登記→後見人登記簿
　④ 支配人の登記→支配人登記簿

(2) 会社に関する登記
　⑤ 株式会社の登記→株式会社登記簿
　⑥ 合名会社の登記→合名会社登記簿
　⑦ 合資会社の登記→合資会社登記簿
　⑧ 合同会社の登記→合同会社登記簿
　⑨ 外国会社の登記→外国会社登記簿

実際に登記所で扱うものは、会社に関する登記がほとんどを占めています。

3 商業登記によって生じる効力

1 登記の一般的効力

(1) 登記の公示力とはなにか

登記の公示力というのは、個人商人の場合は商法9条1項（登記の効力）に、会社の場合は会社法908条に規定する効力のことで、登記しなければならない事項（事実）は、登記がまだされていないときにはその事実が発生していても、そのことを善意の第三者に対して主張することはできない効力のことです（したがって、悪意の第三者には主張できると条文から解釈できます）。

ここでいう「善意」というのは、その事実の発生していることを知らないことで、「悪意」とは知っていることです。

また、知らなかったことについて過失の有無は問わない、とされています。これは、商人と取引関係にある第三者を保護しようとするところからきています。

ところが同時に、登記すべき事項（事実）について、登記がされた後は、悪意の第三者はもちろん、善意の第三者に対してもその事実が発生していることを主張することができます。

ただし、第三者が登記したことを知ろうとしても、正当な事由があって知ることができなかったときには、主張することができない、とされています。

なお、この正当な事由としては地震、風水害等の天災は認められますが、旅行とか病気などの主観的事情は含まれないと、一般的にはされています。

(2) 登記の公信力とはなにか

この登記の公信力については、個人商人の場合は商法9条2項（不実事項の登記）に、会社の場合は会社法908条2項に規定する効力です。登記は本来、事実にもとづいてされるものですから、事実とあわない登記は原則として無効で、何らの効力が生じないはずです。

しかし、それでは、その登記が事実でないということを知らない第三者（善意の第三者）は不利益を受けることになり、取引の安全を害することになります。そこで、商法9条2項、会社法908条2項はわざと、「故意または過失（不注意）によって真実でない不実のことを登記した者は、善意（真実でないということを知らない）の第三者に対して、登記した事項は真実でない、ということを主張することはできない」としました。

なお、この第三者は善意であれば過失の有無は問われないとされています。

　具体例でみておくと、たとえば甲を取締役として選任した事実がないのに、取締役として選任した旨の登記をした場合、本来取締役ではないから、その登記を信じても効力を生じないはずですが、甲を取締役として選任した手続に故意または過失があれば、それを信じた善意の第三者に「甲は本当は取締役ではないんだ」ということを主張できないということです。

　不実の登記であっても、それを信頼した者にはその登記の効力を生じさせる力を「公信力」といいます。商業登記では、いま説明したように、故意・過失という条件はありますが、商法9条2項、会社法908条2項で公信力が認められているということです。

　これに対して、不動産登記法では登記の公信力が認められておらず、不動産の場合、不動産登記簿には権利推定力しかなく「信ずる者は救われない」ことと比較して覚えておいてください。

❷ 登記の特殊な効力——登記の形成力とはなにか

　商業登記においては、通常の場合は、いままでみてきたように登記によって効力が生じるものではなく、登記は発生した事実を公示するだけで、第三者に登記された事実を主張するためのものにすぎません。

　ところが、次の事項はとくに法律によって登記することが、実質上の効力発生の要件となっています。これを「登記の形成力」または「創設的効力」と呼んでおり、会社の設立登記があります。

　会社の設立の登記について、会社法49条は、会社は本店のある登記所で、設立の登記をしたときに成立（誕生）するとしています。

　つまり、会社が成立して法人格を取得するためには、設立の手続を経たうえで設立の登記をすることが必要だということです。この登記は、登記官が職権で行います。【資料1】の3／3（12ページ）にある第一電気機器株式会社の「設立　平成28年6月1日登記」がそれです。なお、旧商法では、合併についても登記することが効力要件でしたが、会社法では吸収合併については契約で定めた効力発生日に効力が生じる（750条1項）とされました。新設合併については、登記が効力要件とされています。実務界からの要望が強かったからといわれています。

2　株式会社の定款の記載事項

1　定款とは

1　定款は会社の憲法

　定款というのは、会社の組織や運営に関しての根本規則のことで、いわば会社という組織の憲法ともいうべきものです。このように大変重要な書面ですから、記載内容についても決まりがあり、また発起人はこの定款を作成し、署名または記名押印しなければならない、とされています（会社法26条1項）。

　なお、この会社設立時に作成される定款を「原始定款」といい、その後定款を変更する場合は、466条にて株主総会の決議（特別決議〈309条2項11号〉）によりすることができる旨が規定され、例外規定がいくつかあります。そして、この原始定款だけは、公証人の認証がなければ効力が生じません（30条）。これは、定款の作成内容を明確にしておき、後日の紛争等の発生を予防しようという趣旨からです。

2　定款の見本例

　定款には一定の事項の記載があれば、作成する用紙の種類や大きさには制限はありません。文字が正確に書かれてさえあれば、手書き（黒のボールペン、カーボン紙で複写等）、ワープロ、市販の用紙どれでもかまいません。訂正する場合は、間違った文字の上に2本線を引き、正しい文字を書き、欄外に「1字削除2字加入」などと記載し、書面に押印した人全員の訂正印を押します。

　次に、会社法に基づく定款の見本例をあげておきます。

〔会社法に基づく定款の記載例〕

（会社によっては、不要な事項がありますので、会社の実情に合わせて作成します）

○○商事株式会社定款

　　第1章　総　則

（商号）
第1条　当会社は、○○商事株式会社と称する。
　（注）商号及び本店が同一の会社が既に存在する場合には設立の登記をすることができませんので、定款の認証を受ける前に、本店を管轄する登記所でそのような会社の有無を必ず確認してください。調査は、無料でできます。

（目的）
第2条　当会社は、次の事業を営むことを目的とする。
１　○○の製造販売
２　○○の売買
３　前各号に附帯する一切の事業

（本店の所在地）
第3条　当会社は、本店を○県○市に置く。
　（注）定款に定める本店所在場所は最小行政区画まででも構いません。ただし、その場合には、発起人の過半数により、「○丁目○番○号」まで含んだ本店の所在場所を決定しなければなりません。

（公告の方法）
第4条　当会社の公告は、官報に掲載してする。

（第2章　略）

　　第3章　株主総会

（招集）
第15条　当会社の定時株主総会は、事業年度末日の翌日から3か月以内に招集し、臨時総会は、その必要がある場合に随時これを招集する。
２　株主総会を招集するには、会日より1週間前までに、株主に対して招集通知を発するものとする。

（議長）
第16条　株主総会の議長は、社長がこれにあたる。社長に事故があるときは、あらかじめ社長の定めた順序により他の取締役がこれに代わる。

（決議）
第17条　株主総会の決議は、法令又は定款に別段の定めがある場合のほか、出席した議決権のある株主の議決権の過半数をもって決する。
２　会社法第309条第2項に定める決議は、議決権を行使することができる株主の議決権の3分の1以上を有する株主が出席し、出席した当該株主の議決権の3分の2以上に当たる多数をもって行う。

（議決権の代理行使）
第18条　株主又はその法定代理人は、当会社の議決権を有する株主又は親族を代理人として、議決権を行使することができる。ただし、この場合には、総会ごとに代理権を証する書面を

提出しなければならない。

第4章　取締役、監査役、代表取締役及び取締役会

(取締役会の設置)
第19条　当会社に取締役会を設置する。
(監査役の設置)
第20条　当会社に監査役を置く。
(取締役及び監査役の員数)
第21条　当会社の取締役は10名以内、監査役は2名以内とする。
(取締役及び監査役の選任)
第22条　当会社の取締役及び監査役は、株主総会において議決権を行使することができる株主の議決権の数の3分の1以上の議決権を有する株主が出席し、その議決権の過半数の決議によって選任する。
2　取締役の選任については、累積投票によらないものとする。
(取締役及び監査役の任期)
第23条　取締役の任期はその選任後2年以内、監査役の任期はその選任後4年以内に終了する事業年度のうち最終のものに関する定時総会の終結の時までとする。
2　補欠又は増員により選任された取締役は、他の取締役の任期の残存期間と同一とする。
3　任期の満了前に退任した監査役の補欠として選任された監査役の任期は、退任した監査役の任期が満了すべき時までとする。
(取締役会の招集)
第24条　取締役会は、社長がこれを招集するものとし、その通知は、各取締役に対して会日の3日前に発するものとする。ただし、緊急の必要があるときは、この期間を短縮することができる。
(代表取締役及び役付取締役)
第25条　当会社は、社長1名を、必要に応じて専務取締役及び常務取締役各若干名を置き、取締役会の決議により、取締役の中から選定する。
2　社長は、当会社を代表する。
3　社長のほか、取締役会の決議により、当会社を代表する取締役を定めることができる。
(業務執行)
第26条　社長は、当会社の業務を統轄し、専務取締役又は常務取締役は、社長を補佐してその業務を分掌する。
2　社長に事故があるときは、あらかじめ取締役会の定める順序に従い、他の取締役が社長の職務を代行する。
(監査の範囲)
第27条　監査役の監査の範囲は、会計に関するものに限定する。
(報酬及び退職慰労金)
第28条　取締役及び監査役の報酬及び退職慰労金はそれぞれ株主総会の決議をもって定める。
(第29条～第34条　略)
(発起人)
第35条　発起人の氏名、住所及び発起人が設立に際して引き受けた株式数は、次のとおりである。

○県○市○町○丁目○番○号　　○　○　○　○
普通株式　　　○○株
○県○市○町○丁目○番○号　　○　○　○　○
普通株式　　　○○株

> （注）発起人の引受株式数の記載が定款にあるときは、会社法第32条第1項第1号の事項に係る発起人の同意書を申請書に添付する必要はありません。この場合、申請書には、「○○は定款の記載を援用する。」と記載してください。
>
> 以上、○○商事株式会社の設立のため、この定款を作成し、発起人が次に記名押印する。
> 　　平成○年○月○日
> 　　　　発起人　○　○　○　○　㊞
> 　　　　発起人　○　○　○　○　㊞
> （注）公証人の認証を受けてください。

（法務省ホームページより）

2　定款の記載または記録事項

定款の記載事項には次のものがあります。

❶ 絶対的記載事項

「絶対的記載事項」は、定款に必ず記載または記録しなければならない事項のことをいい、ひとつでも欠けると、定款が全部無効となります。

株式会社の場合、定款の絶対的記載事項は次のとおりです（会社法27条）。

①　商号（2号）
②　本店の所在地（3号）
③　目的（1号）
④　設立に際して出資される財産の価額またはその最低額（4号）
⑤　発起人の氏名または名称および住所（5号）

なお、本書では、順番は会社法の条文によらず、登記簿に登記されている順としました。この方が、何が絶対的記載事項で、登記簿に登記すべき事項なのかを理解するにもよいと思います。

また、④の設立に際して出資される財産の価額またはその最低額と、⑤の発起人の氏名または名称および住所以外は、設立登記のときの登記すべき事項（登記事項）ともなっています。したがって、その後これらの事項に変更が生じたとき（たとえば商号変更）は、株主総会の決議により定款変更をし、商号変更の登記の申請をすることになります。このように、定款と登記簿が連動していることを理解しておいてください。

(1)　商　号

会社の名前のことを「商号」といい、登記簿に必ず登記しなければならない事項つ

まり登記事項とされています。

① 商号を登記するときの制限

従来、商号の登記をする場合は、漢字、平仮名、片仮名しか使えず、ローマ字を用いることはできませんでした。

しかし、社会や経済の国際化に伴い、商号の表記にローマ字を用いる会社が多くみられるようになり、登記上の商号についても、ローマ字使用の要望が増えてきました。そこで法務省民事局はそれらをふまえ、平成14年7月31日商業登記規則等の改正をし、商号および名称（法人の名称）の登記に、（1）ローマ字、（2）アラビヤ数字、（3）その他の符号「＆」（アンパサンド）「'」（アポストロフィー）「, 」（コンマ）「—」（ハイフン）「．」（ピリオド）「・」（中点）等を用いることができることとしました（平成14年11月1日施行）。

商号は原則として自由に決められますが、次のような制限があります。

① 会社の商号の場合は、必ずその種類にしたがって、合名会社、合資会社、合同会社、株式会社という文字を用いなければなりません。これは、会社の種類によって組織や責任が異なりますから、取引の相手方にとっても重大な関係があるからです。

② 銀行とか、信託、保険などの公共性の強い事業は、銀行法等それぞれの特別法により、その商号中に、たとえばこの例でいうと「銀行」という特定の文字を用いなければなりません。反面、そうでないものが、それらの文字を用いることは禁止されています。

② 類似商号の調査（法務省ホームページより）

会社法の施行日後も、整備法による改正後の商業登記法の規定により同一場所における同一商号の登記は禁止されるので（整備法による改正後の商業登記法27条）、同一本店所在地に同一の商号の会社があるかどうかを調査する必要はあります。なお、会社法施行日後も、引き続き、商号調査簿はパソコン端末にかわり登記所において無料で見ることができるようになっています。

会社法では、類似商号の禁止制度が廃止されましたので、商号と本店の所在地とがともに同一でなければ、商号が既存の会社と同一または類似のものであっても、登記することが可能です(注1)。

ただし、不正の目的をもって、他の会社と誤認させる商号を使用することは禁止されています（会社法8条）。

なお、会社の目的が具体的かどうかについては、従来と異なり、登記申請に際して審査はしませんが、記載内容によって、例えば官公庁への届出や取引等において不都合が生ずることもあり得ますので、十分ご注意ください(注2)。

注1：このほかにも、法令により商号に使用することを禁止されている場合（たとえば「銀行」）があります。

注2：詳しくは、提出先官公庁等へお問い合わせください。なお、目的について適法性や明確性がないもの（公序良俗に反するもの、記載内容が不明確なもの）などはこれまでと同様に登記することはできません。

〈参考〉類似商号規制の廃止

　旧商法においては、他人が登記した商号は、同市町村内においては、同一の営業のためにこれを登記することができないとされていました（旧商法19条）。この規制は、その効果が市町村内という非常に狭い地域であり、現代の企業活動の実態からみると弊害が大きい（迅速な設立手続、商号変更、事業目的の変更追加など）ということで廃止されました。

(2) 本店の所在地

　本店の所在地というのは、会社の主たる営業所、つまり会社の住所のことです。定款には最小行政区画（市町村、東京都の特別区）まで記載すればよい、とされています。政令指定都市の場合、最小行政区画は指定都市自体ですから、たとえば、「横浜市」とすればよく、「横浜市港北区」とまでする必要はありません。

　最小行政区画以上の具体的な所在地番まで定款に記載すると、同一市町村内で本店を移転する場合にも定款変更の手続が必要となり不便です。実務では、最小行政区画だけ定めておいたほうがよいでしょう。

　また、政令指定都市および都道府県名と同一名称の市を除いて、都道府県名も記載することとなっています。また、本店の所在地はさまざまな訴えの専属管轄地となるので（会社法835条1項、848条、856条）、わが国において設立する会社の本店を外国におくことはできません。

　なお、登記簿となる登記用紙等には所在場所として、何番地まで記載します（911条3項3号）。

(3) 目 的

　会社の事業目的を記載します。旧商法では類似商号の規制が設けられており、会社の目的については、①具体性を有していること、②営利性を備えていること、③明確性を有していること、④公序良俗や強行法規に反しないことが必要とされていました。会社法では、この類似商号規制が廃止されており、目的については、必ずしも具体的な事業を掲げる必要はなく、たとえば、運輸業、商業、また単に事業とすることでも差し支えないとされています（相澤哲他共著『論点解説　新・会社法』商事法務、11ページ）。

(4) 設立に際して出資される財産の価額またはその最低額

これは、旧法の「会社の設立に際して発行する株式の総数」に代わって絶対的記載事項とされたものです。

これは、資本金と株式の数との間には直接の関係がないので、これ（「設立に際して発行する株式の総数」）を除き、出資額そのものを定款の絶対的記載事項としたのです。

なお、出資額は資本金そのものではありません。資本金は原則として株主から出資を受けた財産の価額のうち、2分の1以上の会社が定めた額が資本金となり、残額は資本準備金となります（445条1項・2項・3項）。また、資本金の額は設立登記の登記事項となっています（911条3項5号）。

(5) 発起人の氏名または名称および住所

発起人が誰であるかを明らかにするために、発起人全員の住所・氏名（自然人）または名称（法人の場合）を記載し、発起人全員で署名または記名と押印（実印）をします（26条）。なお、これは定款の絶対的記載事項ですが、登記事項とはなっていませんので登記簿には記載されません。

(6) 発行可能株式総数

旧法においては、「会社が発行する株式の総数」という名前で（授権資本の枠）、定款の絶対的記載事項とされていましたが、会社法では、「発行可能株式総数」に変更されました。そして、原始定款（26条1項）に記載することは不要となりましたので、定款の認証を受ける際には必要ではありませんが、この場合には、会社成立（設立登記）までに、発起人全員の同意で定めることができるとされました（37条1項）。

また、公開会社の場合（非公開会社を除く）は設立時発行株式の総数は、発行可能株式総数の4分の1を下ることができないとされています（37条3項）。

(7) 会社が公告をする方法

公告方法は、従来と異なり、絶対的記載事項ではなくなり、相対的記載事項となりました。定款上に定めを置かない場合は官報に掲載する方法によることとなりました（939条4項）。

なお、公告方法は、登記事項ですが、公告方法を変更しない場合は、みなし規定により手続は不要です。

2 相対的記載事項

「相対的記載事項」というのは、それを定款に記載しなくても、絶対的記載事項のように定款が無効になることはありませんが、記載しておかないと、その効力を生じない事項のことをいいます（29条）。

この相対的記載事項は、会社法で多数決められています。主なものを以下に列挙しておきましょう。

(1) 変態設立事項

変わった呼び方がされていますが、「変態設立事項」は、会社設立の際に関係のある重要な事項で、定款に書いておかないと効力が認められないものです（28条）。

① 現物出資をする者の氏名等

出資は現金でするのが原則ですが、設立の場合には、とくに発起人に限り現物（動産、不動産、有価証券などの財産価値のあるもの）による出資が認められています。これを「現物出資」といいます。

ところで、出資した資産を過大に評価すると、会社財産の基礎をあやうくするおそれがあります。そこで、現物出資するときには、定款に出資者の氏名、出資の目的たる財産、その価格およびこれに対して与える株式数などを記載することが必要です。

② 会社の成立後に譲り受けることを約した財産に関する事項

発起人が、会社の成立を条件として、第三者から一定の財産を会社のために譲り受けることを契約（財産引受契約といいます）した場合に記載する事項です。これも、目的財産を過大に評価して会社の財産の基礎をあやうくしないためです。

③ 発起人の受ける報酬

これは、将来の利益ではなく、設立のために働いた労務に対する報酬のことです。これも定款に定めないときは、報酬を受けることはできません。

④ 会社の負担に帰すべき設立費用

これは、発起人が支出した設立のための費用（設立事務所の賃料とか、広告費用、印刷代など）を、設立後の会社の負担とすることが認められるものです。これについても、無制限な支出を許さないため、その最高限を定款に記載することになっています。

なお、定款認証の手数料と株式払込の取扱いにつき、銀行等に支払うべき報酬は公正に決められていますから、定款に記載する必要はありません。

(2) 株式の譲渡制限の定め

　株主は、株式を自由に他人に譲渡できるのが原則です。つまり、株式の自由な売買が認められています。他人の会社に出資した株主がその出資の回収をしたい場合に、原則として会社から払い戻しを受けることはできません。そこで、この場合にどうするかというと、株主は出資を肩代わりする人を探して、株式を譲渡することによって、自分の提供した出資を回収することになります。

　ところで、この株式の譲渡自由の原則だけだとすると、問題がでてくる場合があります。たとえば、わが国のように中小規模の会社がきわめて多く、同族的性格の強い会社にとって、好ましくない者が株式を譲り受け株主となり、経営に口をはさむようになっては困ります。

　つまり、株式の譲渡自由の原則が、会社運営に不安を招く結果となることもありますので、これを防ぐ意味で例外的に「株式の譲渡制限の定め」を設けることができることにしたのです。

　この場合には、定款にたとえば「当会社の株式を譲渡するには、取締役会の承認を受けなければならない」などとし、登記事項ともなっていますので、登記することになります。

　なお、旧法では、譲渡制限はすべての株式につけることを前提としていましたが、会社法では、定款の定めにより、株式の種類ごとにつけることになりました（108条1項4号）。

　また、承認する機関は、旧法では、取締役会とされていましたが、会社法では、次のとおりです（139条1項）。

① 取締役会設置会社では、取締役会
② 取締役会非設置会社では、株主総会
③ 定款の定めにより他の機関とすることができるとされています。この場合、代表取締役を承認する機関とすることができることとなります。

(3) 株式会社の機関

　株式会社の機関について概略を説明しておきましょう。

　株式会社は、営利を目的とする営利法人といわれるものです。この法人には、営利法人のほかに、公益を目的とする公益法人と、公益、営利のいずれをも目的としない中間法人（労働組合・各種の協同組合など）とがあります。

　ところで、この会社というものは、法律が作った人として、自然人と同じ権利能力者ですが、法人それ自身は手足や頭があるわけではないので、たとえ、法人である会社が土地を買って工場を建てる場合の契約等もろもろの法律上の行為をしたとして

も、意思表示ができるわけではありません。

　これができるのは、会社という法人の内部でしかるべき地位にある自然人が行うことになります。そこで、このような法人である会社の意思決定や行為を誰がするかをきめなければなりませんが、ここで設けられたのが株式会社の機関といわれるものなのです。

　この株式会社の機関には、株主総会、取締役、取締役会、代表取締役、監査役、会計参与などがあります。

　これらは、よく国家の機関の姿と似ていることから、株主総会は国会（立法）、取締役会と代表取締役は内閣および内閣総理大臣（行政）、監査役は裁判所（司法）にあたるといわれています。なお、会計参与は会社法において創設された機関で、任意に設置することができます。会計参与は取締役と共同して計算書類等を作成することが職務とされています（374条1項、同6項）。

　会社法によって設置が義務づけられている機関は、取締役（326条1項）および株主総会（295条）ですが、「定款の定めによって、取締役会、会計参与、監査役、監査役会、会計監査人または委員会を置くことができる」（326条2項）とされています。

(4)　株主総会

　どの定款にもパターンとして1章を設けた「株主総会」の章があります。「任意的記載事項」といわれるものもありますが、便宜上ここでまとめて説明することとします。

　いずれも、登記事項ではありませんから登記簿には記載されません。

①　定時株主総会および臨時株主総会

　株主総会には、定時総会と臨時総会とがあります。

　定時総会は、毎年決まった時期に開かれるものをいい、開く時期については、決算期後3カ月以内に招集することとされています。

　なぜ3カ月以内とされたかについては理由があります。それは、株主総会に出席する株主を確定するための基準日を設け、株主を確定し、基準日と権利行使の期間が3カ月以内という制限のあることから（124条2項）、決算期後3カ月以内に招集するのが通常です。

　臨時株主総会は、この例のように「必要がある場合に随時招集」し開催できる総会です。また、株主総会を招集するには会日より2週間前、非公開会社は原則として会日より1週間前に各株主に対して招集通知を発しなければなりません（299条1項）。

②　株主総会の議長

　株主総会の議長は任意的記載事項ですが、記載例のように定款に書かれているのが

一般的です。

つまり、株主総会ですから議長が議事運営をすることになりますが、定款に定めがない場合は、株主総会のたびごとに議長を総会で選任することになります。しかし、定款に定めておけば、当然にその人が議長となります。議長には、通常「代表取締役とか社長がこれに当たる」などと定め、そうした人に事故があるときの代わる人についての決め方を「あらかじめ取締役会で定めた順序により他の取締役がこれに当たる」などと定めてあります。

(5) 株主総会の決議の方法

① 普通決議

これは、総株主の議決権の過半数を有する株主（代理人でもよい）が出席して（これを定足数といい株主総会自体が成立するために必要な出席数）、その出席株主の議決権の過半数で成立するものをいいます（309条1項）。次の「特別決議」「特殊決議」によると定められているもの以外は、この普通決議によることとなります。

この定足数は、定款によって緩和してもよいこととされており、実務の多くは定款で定足数を排除し、単に「出席株主の議決権の過半数」で決議が成立する、としています。

ところが、取締役と監査役および会計参与の選任または解任も普通決議でできますが、ただこの場合は、この決議の重要性からとくに定足数の最低限を会社法によって規定し、定款の定めによっても総株主の議決権の3分の1未満にすることはできません（341条かっこ書き）。

② 特別決議

特別決議は、総株主の議決権の過半数を有する株主が出席し（定足数）、出席した株主のもっている議決権の3分の2以上の賛成で成立する決議のことをいいます（309条2項）。

株主総会の特別決議について、定款の定めをもって、定足数を議決権総数の過半数から3分の1まで引き下げることも、決議要件である3分の2以上の賛成を3分の2より多くすることも可能です（309条2項）。

この決議には、定款の変更や会社の合併など、重要な内容についての決議があります。

③ 特殊決議

特殊決議は、特別決議以上に要件が厳格になっているものです。これには、前に説明した、定款を変更して株式の譲渡制限を設ける場合があります。

この定款変更決議は、上述した一般の定款変更決議と異なり、より厳しく総株主

（頭数）の半数以上（これを上回る割合を定款で定めた場合にあってはその割合以上）で、総株主の議決権の3分の2（これを上回る割合を定款で定めた場合にあってはその割合）以上の多数決で成立することとされています（309条3項）。

したがって、総会に出席した株主の人数が、委任状を含めて総株主の半数以上にならず、また半数以上が出席した場合でも、その持ち株数が発行済株式総数の3分の2に達しないときは、全員が賛成しても、議案は否決されたことになります。

また、株主によって権利内容に差を設ける場合（109条2項）の決議は、総株主（頭数）の半数以上で、かつ総株主の議決権の4分の3以上とされています（309条4項）。

注：「過半数」と「半数以上」のちがい、「未満」とは
　決議について「過半数」とか「半数以上」「未満」などよく使われますので、正しく理解しておきましょう。
　100名の人がいる場合を例とすると、
・過半数とは、半分（50人）を超えるといういい方もされ、50人は含まず、51人から上となります。
・半数以上とは、「以上」が基準の数を含み、それより上ということですから、半数つまり50人を含みそれより上となります。たとえば、旧有限会社の特別決議の場合。
・半数以下は、「以下」が基準の数を含みそれより下のことですから、50人を含みそれより下となります。
・「未満」というのは、その数に達しないことです。たとえば、100人未満は、99人より下のことです。
　また、株主の出席というのは、必ずしも本人の出席を必要とするのではなく、委任状による代理出席でも出席とみなされます。

(6) 取締役および取締役会・監査役および監査役会

① 取締役の地位

すべての株式会社は、1人または2人以上の取締役を置かなければなりません（326条1項）。取締役は、原則として各自会社を代表しますが、他に代表取締役その他会社を代表する者を定めた場合には、それ以外の取締役は代表権をもちません（349条1項）。

② 取締役および監査役の数

会社法では、取締役会制度を必要的なものでないこととしたため、取締役の員数は取締役会非設置会社については1人以上何名でもよいこととされました（旧有限会社と同じ。326条1項）。取締役会設置会社の場合は従来どおり、取締役の数は最低3名

以上必要であるとしています。大会社では、50名以上の取締役がいるところもありました。

監査役は、取締役の職務執行の監査を行う機関です。旧法では、株式会社においては必要機関でしたが、会社法では、定款の定めによって各会社が任意に設置できることになりました（326条2項）。ただし、監査役を置かなければならない場合も、会社法で決められており（327条2項、同条3項）、登記事項となります。

監査役の員数については、原則として1名以上いればよいのですが、これにも例外があり、監査役会設置会社においては、3名以上で半数以上は社外監査役でなければならないとされています（335条3項）。また、監査役会は1名以上の常勤監査役を選定しなければならない（390条3項）ともされています。

③　取締役および監査役選任の方法

会社設立当初の取締役、監査役の選任方法については、発起設立では発起人が（定款で指定することもできる）、募集設立では創立総会が選任します。この設立時役員を設立時取締役、設立時監査役といい、設立手続の法令・定款違反等の有無の調査を行います（46条・93条）。

その後は、取締役も監査役も株主総会の普通決議で選任しますが、重要な事項ですから、定足数と累積投票についての定めを定款に相対的記載事項として記載するのが一般的です。

④　取締役の任期

取締役の任期は、選任後原則2年を超えることはできません（332条1項）。委員会設置会社以外の譲渡制限会社（非公開会社）においては、定款により最長10年まで伸長することができるとされています。

これは、少なくとも2年に1度は、その取締役に経営をまかせられるかどうか株主に判断する機会を与えたものです。

なお、これらの取締役の任期は、定款に規定すれば、任期中の最終の決算期に関する定時株主総会が終わるまで任期を延ばすことができるとされています。

したがって、実務ではいわゆる任期伸長規定があります。この規定を認めた理由は、次の例をみれば理解できます。

たとえば、年1回3月31日決算の会社が、平成28年6月28日に定時総会を開く場合に、2年前の平成26年6月20日の定時総会で選任された取締役は、任期が2年を超えられないとすると、平成28年6月20日に退任ということになります。これを、上のように定款で規定すれば平成28年6月28日の定時総会終結まで任期を延ばすことができることになります。

これを、図で示せば次のようになります。

　次に、補欠により就任した取締役という定めが実務ではよくあります。これは任期満了前に、死亡や辞任によって退任した取締役を補充するために選任された取締役のことをいい（補欠取締役）、増員を目的として選任された取締役を増員によって就任した取締役（増員取締役）といいます。

　この任期も定款にとくに規定がないと、通常の任期が適用されることになります。そこで、在任中の他の取締役の任期と同じにするために、この定めを規定しておくのです。

　なお、取締役の全員が入れ替わった場合の後任の取締役は、ここでいう補欠・増員取締役とはなりませんので注意しておいてください。

　特例有限会社以外の株式会社については、取締役等の任期があるため定期的に役員変更登記の登記義務が発生します。したがって、最後にした登記から12年間（役員変更登記は定款の定めにより2年から10年に一度は必要）登記をしていない場合は、一定の手続を経たうえで解散したものとみなされます（472条）。この一連の手続を「みなし解散」といいます。解散とみなされた日から3年以内に限り会社を継続させることができます（473条）。登記簿見本例は次のとおりです。なお、法務省では平成26年度と27年度に「休眠会社・休眠一般法人の整理作業について」を発表しています（次ページの参考資料参照）。

〔解散の登記〕

解　散	平成２０年４月１日株主総会の決議により解散 　　　　　　　　　　　　　　　　　　　　　　平成２０年　４月　８日登記

〔継続の登記〕

会社継続	平成２０年４月１日会社継続 　　　　　　　　　　　　　　　　　　　　　　平成２０年　４月　８日登記

　注：この登記をしたときは解散、清算人、代表清算人および清算人会設置会社である旨
　　　の登記に抹消記号を記録する（商業登記規則73条）。

休眠会社・休眠一般法人の整理作業について

全国の法務局では、平成26年度以降、毎年、休眠会社・休眠一般法人の整理作業を行うこととしています。

休眠会社又は休眠一般法人について、法務大臣による公告及び登記所からの通知がされ、この公告から2か月以内に事業を廃止していない旨の届出又は役員変更等の登記をしない場合には、みなし解散の登記がされます（この一連の手続を「休眠会社・休眠一般法人の整理作業」といいます。）。

休眠会社・休眠一般法人とは
① 最後の登記から12年を経過している株式会社（会社法第472条の休眠会社。特例有限会社は含まれません。）
② 最後の登記から5年を経過している一般社団法人又は一般財団法人（一般社団法人及び一般財団法人に関する法律第149条の休眠一般社団法人又は第203条の休眠一般財団法人。公益社団法人又は公益財団法人を含みます。併せて「休眠一般法人」といいます。）
をいいます。
12年以内又は5年以内に登記事項証明書や代表者の届出印の印鑑証明書の交付を受けていたかどうかは、関係がありません。

平成27年度においては、平成27年10月14日（水）の時点で①又は②に該当する会社等は、平成27年12月14日（月）までに「まだ事業を廃止していない」旨の届出又は登記（役員変更等の登記）の申請をしない限り、解散したものとみなされ、登記官が職権で解散の登記をします。

ご不明な点は、お近くの法務局までお問合せください。

法務大臣による公告と登記所からの通知について

毎年、秋頃に（※）、法務大臣による官報公告（休眠会社又は休眠一般法人は、2か月以内に「まだ事業を廃止していない」旨の届出をせず、登記もされないときは、解散したものとみなされる旨の公告）が行われます。

また、対象となる休眠会社・休眠一般法人に対しては、管轄の登記所から、法務大臣による公告が行われた旨の通知が発送されます。

なお、登記所からの通知が何らかの理由で届かない場合であっても、公告から2か月以内に「まだ事業を廃止していない」旨の届出又は役員変更等の登記をしない場合には、みなし解散の登記をする手続が進められますので、注意が必要です。

※平成26年度は11月17日（月）
　平成27年度は10月14日（水）

≫「まだ事業を廃止していない」旨の届出について

　まだ事業を廃止していない休眠会社又は休眠一般法人は，公告から2か月以内に「まだ事業を廃止していない」旨の届出をする必要があります。

　届出は，登記所からの通知書を利用して，所定の事項を記載し，登記所に郵送又は持参してください。

　通知書を利用しない場合には，書面に次の事項を記載し，登記所に提出済みの代表者印を押印して，提出してください。

　なお，代理人によって届出をするときは，委任状を添付してください。

【届出書に記載すべき事項】（会社法施行規則第139条，一般社団法人及び一般財団法人に関する法律施行規則第57条又は第65条）

① 商号，本店並びに代表者の氏名及び住所（休眠会社の場合）
　名称，主たる事務所並びに代表者の氏名及び住所（休眠一般法人の場合）
② 代理人によって届出をするときは，その氏名及び住所
③ まだ事業を廃止していない旨
④ 届出の年月日　　　⑤ 登記所の表示

※不備があると，適式な届出として認められないことがありますので，正確に記載してください。

みなし解散の登記について

　公告から2か月以内に「まだ事業を廃止していない」旨の届出がなく，役員変更等の登記も申請されなかった休眠会社又は休眠一般法人については，その2か月の期間の満了の時に解散したものとみなされ，登記官が職権で解散の登記をします。

　なお，みなし解散の登記後3年以内に限り，

① 解散したものとみなされた株式会社は，株主総会の特別決議によって，株式会社を継続
② 解散したものとみなされた一般社団法人又は一般財団法人は，社員総会の特別決議又は評議員会の特別決議によって，法人を継続

することができます。

　継続したときは，2週間以内に継続の登記の申請をする必要があります。

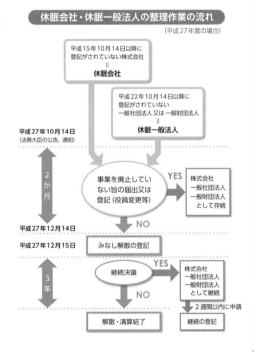

休眠会社・休眠一般法人の整理作業の流れ（平成27年度の場合）

（出典：法務省パンフレット「あなたの会社・法人、登記を放置していませんか？」より抜粋）

3 任意的記載事項

以上のほか定款には、法令や公序良俗に反しない限りいかなる事項でも定めることができます。これを「任意的記載事項」といいます。

定款に定められているもののなかには、法律の規定をそのまま記載しているものもありますが、いったん記載された事項を変更するには、株主総会の特別決議による定款変更の手続が必要となりますので、規定を設ける場合には、その点を考慮しておくことが必要です。

3　会社登記簿の基礎知識

1　会社の種類

最初に会社の種類とその特徴について、簡単にみておきましょう。

株式会社（25条〜574条）と持分会社（575条〜675条）があります。持分会社はさらに合名会社、合資会社、および合同会社に分けられます。平成28年3月末現在、会社法上の会社は約359万2千社の会社があります。株式会社177万1千社、特例有限会社161万2千社、合名会社1万8千社、合資会社7万9千社、合同会社11万2千社です（法務省「民事統計」）。

2　持分会社とは

会社法は第3編において、持分会社に関する事項を規定しています。現行法上の合名会社、合資会社と新たに創設された合同会社のことをいいます（575条）。株式会社の社員たる地位は前述のとおり「株式」というのに対し、これらの会社の社員たる地位は「持分」と呼ぶため、持分会社という名前がつけられています。定款を作成しま

すが、公証人の認証は不要です。

(1) 合名会社とは

　合名会社も法人ですから、会社の債務は会社自身が支払わなければなりません。しかし、会社が会社の財産で債務を支払うことができないときには、社員が個人財産をもって債務を支払う責任を負うものとされています。

　しかも、この責任は直接の限度のない無限責任です。したがって、この社員のことを「無限責任社員」といい、合名会社はこの「無限責任社員」のみで構成されている会社のことです。無限責任社員は、会社が債務を支払うことができなくなれば、会社に代わって個人的に支払わなければなりません。なお、会社法で法人が合名会社・合資会社の無限責任社員となることが可能となり登記事項となりました（576条1項4号）。

(2) 合資会社とは

　合資会社は「無限責任社員」と「有限責任社員」とで構成されている会社のことです。「有限責任社員」というのは、会社の債権者に対し直接の責任は負うけれども、その責任の限度は自分の出資額を限度とする社員のことです。

　したがって、有限責任社員は、会社が債務の支払いができなくなっても、自分の出資額の限度で支払義務を負うだけです。

(3) 合同会社とは

　社員はすべて間接有限責任で、人的会社でありながら社員が有限責任であり株式会社に類似している点に特徴があります。

【直接責任、間接責任および無限責任、有限責任とは】

　今までくり返しでてきたこれらの用語について、まとめておきましょう。

　「直接責任」というのは、会社の債務は本来、その会社自身の債務ですが、社員もまた会社の債権者に対して、その出資の価額（すでに出資した出資の価額を除く）を限度として、直接に支払いの責任を負わなければならない場合、社員は会社の債務について、「直接責任」を負うといいます。

　これに対し「間接責任」という場合は、社員は、会社に対しては出資義務を負うが、会社の債務については、出資義務の範囲で、それ以上の支払いの責任を負わないことをいいます。

　つまり、間接責任しか負わない社員でも、会社に出資した範囲では、その出資が会社財産となっていますので、会社を通じ間接的に会社の債権者に対して支払責任があ

ると考えられますので、「間接責任」というのです。

　次に「無限責任」というのは、会社の債務がいくらあろうとも、その全額について、支払いをする責任を負う場合のことです。

　これに対して「有限責任」というのは、この支払いの責任が一定の金額（出資額）を限度としている場合のことです。

〔株式会社・合同会社の株主と会社債権者の関係〕

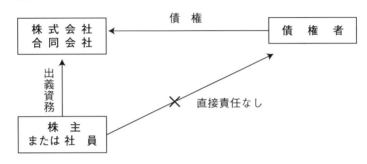

〔合名会社の社員と会社債権者の関係〕

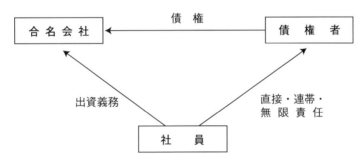

〔合資会社の社員と会社債権者の関係〕

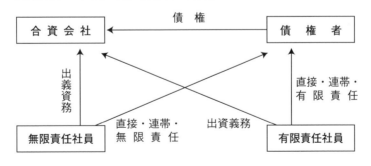

☐ 合名会社の登記簿（本店所在地でする場合）

会社法人等番号	００００－００－００００００
商　号	合名会社横浜木材商店
本　店	横浜市中区山下町３７番地の９
公告をする方法	官報に掲載してする
会社成立の年月日	平成１９年１０月１日
目　的	１　木材の販売 ２　上記に附帯する一切の事業
社員に関する事項	横浜市中区本町二丁目１０番地 社員　　　　　　甲　野　太　郎
	横浜市中区本牧町二丁目２０番地 社員　　　　　　乙　野　次　郎
	横浜市中区山下町１５番地 社員　　　　　　株式会社丙野商店
	代表社員　　　　甲　野　太　郎
支　店	１ 神奈川県横須賀市日の出町一丁目４番地
存続期間	会社成立の日から満５０年
登記記録に関する事項	設立 　　　　　　　　　　　　　　　　平成１９年１０月　１日登記

☐ 合資会社の登記簿（本店所在地でする場合）

会社法人等番号	００００－００－０００００
商　　号	合資会社横浜菓子本舗
本　　店	横浜市戸塚区戸塚町２０番地
公告をする方法	官報に掲載してする
会社成立の年月日	平成１９年１０月１日
目　　的	１　和菓子の製造販売 ２　上記に附帯する一切の事業
社員に関する事項	横浜市中区本町二丁目１０番地 無限責任社員　　　甲　野　太　郎
	横浜市中区本牧町二丁目２０番地 無限責任社員　　　乙野商事株式会社
	横浜市中区山下町１５番地 有限責任社員　　　丙　野　五　郎 神奈川県鎌倉市小袋台７０番地　宅地１５０平方メートル、この価額金５００万円　全部履行
	横浜市戸塚区戸塚町１００番地 有限責任社員　　　丁　野　六　郎 金１００万円　内金５０万円履行
	横浜市中区本町三丁目１番地 有限責任社員　　　戊　野　七　郎 金５０万円　全部履行 代表社員　　　　甲　野　太　郎
支　　店	１ 東京都文京区春日一丁目１６番２１号
登記記録に関する事項	設立 　　　　　　　　　　　　　　　　　　　　　平成１９年１０月　１日登記

□ 合同会社の登記簿（本店所在地でする場合）

会社法人等番号	００００－００－０００００
商　号	合同会社横浜菓子本舗
本　店	横浜市戸塚区戸塚町２０番地
公告をする方法	官報に掲載してする
会社成立の年月日	平成１９年１０月１日
目　的	１　和菓子の製造販売 ２　上記に附帯する一切の事業
資本金の額	金５００万円
社員に関する事項	業務執行社員　　　　甲野商事株式会社
	業務執行社員　　　　丁　野　六　郎
	業務執行社員　　　　戊　野　七　郎
	横浜市中区山下町１５番地 代表社員　　　　　　甲野商事株式会社 横浜市中区山下町１５番地 職務執行者　　　　　甲　野　太　郎
支　店	１ 東京都文京区春日一丁目１６番２１号
登記記録に関する事項	設立 　　　　　　　　　　　　　　　　平成１９年１０月　１日登記

4　法人登記簿の基礎知識

1　法人とは

　「法人」とはなんでしょうか。読んで字のごとし、法律が作った人のことです。これに対し私たち生きている個人個人のことを、法律用語では「自然人(しぜんじん)」といいます。
　そして、自然人である私たちは、個人としてだけで仕事をするのではありません。何人かが一定の目的をもって集まり活動することの方が多いでしょう。
　この団体のことを法律用語で「社団」といい、その団体を構成するメンバーを「社員」と呼んでいます。また、一定の目的のために、提供された財産を運営するために作られた「財団」と呼ばれるものがあり、これらに対し権利能力を与えたのが「社団法人」であり「財団法人」なのです。

2　法人登記とは

　多くの人は、登記という言葉を聞けば、まず土地・建物等の不動産登記が頭に浮かび、次に株式会社とか持分会社などの商業登記を思いうかべるのではないでしょうか。法人登記などと、あらためていわれても、さて、なんの登記のことなんだろうと思われるかもしれません。ところが、実は身近にたくさんあるのです。
　法人登記とは、会社以外の法人に関する登記のことをいいます。この制度を設けた主旨は、会社の登記と同様、法人に関する一定の事項を登記簿に記載し、これを第三者に公示することにより取引の安全と迅速をはかり、ひいては社会秩序の維持をめざすものです。
　法人登記は次のように分類されます。
　①　一般社団法人、一般財団法人、公益社団法人、公益財団法人
　②　特殊法人……日本銀行、日本政策金融公庫など
　③　組合等登記令……医療法人、学校法人、信用保証協会など
　④　設立準拠法……宗教法人、信用組合、信用金庫（各法人の設立準拠法中に、登記手続に関する規定があるものです）
　⑤　業法……司法書士法人、弁護士法人、税理士法人など
　各種法人の種類はおおよそ三百数十といわれています。

3　法人登記簿の入手方法

　商業登記では、実体上の手続はいわゆる実体法といわれる商法や会社法に主として規定され、登記上の手続は手続法といわれる商業登記法および商業登記規則に規定されています。

　ところが、法人登記では、実体上の手続は、それぞれの法人の設立根拠法に規定され、しかも登記の手続についても、商業登記法のような、法人登記法といったすべての法人の登記手続を規定したものがありません。したがって、登記実務においても、その法人の根拠法令、手続法令がなにかを調べるのが大変です。

　もっとも、特殊法人については、独立行政法人等登記令があり、組合等については、組合等登記令があります。また、商業登記に商業登記規則があったように、法人登記にも法人登記規則というものがあり、これはすべての法人の登記に適用され、その7条では数多くの商業登記規則の準用を規定しています。

　法人登記簿も、大きな法務局等を除き商業登記を扱う窓口へ行ってとります。申請書は商業登記と同じものを使えます。

4　一般社団法人・一般財団法人とは

　一般法人法は、改正前民法34条の法人の設立は主務官庁の許可主義によるものとされていたものを廃止し（民法34条～37条が改正され、38条～84条が削除された）、法人格の取得と公益性の判断を分離し、剰余金の分配を目的としない社団または財団について、行う事業の公益性の有無にかかわらず、公証人による定款の認証（一般法人法13条）と登記によって法人が成立する準則主義が導入され、簡便に法人格を取得することができる一般的な法人制度を創設し、これを一般社団法人・一般財団法人としました。

5 公益社団法人・公益財団法人とは

　一般社団法人または一般財団法人のうち、主に公益目的事業を行う法人は、行政庁（内閣総理大臣または都道府県知事）の認定を受けて「公益社団法人」または「公益財団法人」になることができることとしました（公益法人認定法4条）。この認定に際しては、民間の有識者で構成される「公益認定等委員会」に諮問し（43条）、その答申を受けてしなければならないとされています。公益認定を受けるメリットは、税制上の優遇措置や、社会的信用の向上などです。

　なお、この制度の趣旨は、民間の非営利部門による公益活動を促進することにあり、あくまで公益認定を受けることができるのは「一般社団法人」「一般財団法人」のみであり（4条）、公益活動を行う法人であればどのような法人であろうと認定を受けられるとすることは適切ではありません。つまり、利潤の分配を目的とする営利法人は、公益の担い手としては適当ではないとされています。

① 公益社団法人

　公益社団法人の機関については、一般社団法人に必要とされる社員総会および理事のほか理事会を設置しなければならない（5条14号ハ）など、一般社団法人の理事会設置会社と同じです。

② 公益財団法人

　機関については、一般財団法人と同じです。

6 医療法人の登記簿

　医療法人は、医療法にもとづいて設立される法人で、社団的なものと財団的なものがあります。根本規則もそれに応じて「定款」となります。都道府県知事の認可を受けて、主たる事務所の所在地で登記することにより成立します（医療法39条、44条、46条）。

□ 医療法人の登記例（主たる事務所の所在地でする場合）

会社法人等番号	００００－００－０００００
名　称	医療法人何何会
主たる事務所	東京都千代田区霞が関一丁目１番１号
法人成立の年月日	平成２４年４月２日
目的等	目的及び業務 科学的でかつ適正な医療を普及することを目的とする。 １．病院及び診療所の名称及び開設場所 　何県何市何町何番地　　何何病院 　何県何市何町何番地　　何何診療所 ２．看護師養成所の経営
役員に関する事項	何県何市何町何番地 理事長　　　何　某
従たる事務所	１ 何県何市何町何番地
資産の総額	金何万円
解散の事由	何　　　何
登記記録に関する事項	設立 　　　　　　　　　　　　　　　　平成２４年　４月　２日登記

7　学校法人の登記簿

　学校法人は、通常理事長が代表権をもっていますが、業務範囲を特定し他の理事に委任することができます。理事長および委任された理事については、業務範囲とともに登記が必要です（平成17年4月1日改正）。したがって、学校法人との取引の開始にあたっては次の書類を徴求し、取引の相手方としての代表権のある理事長その他を確認します。

① 登記簿
② 寄付行為
③ 代表者の印鑑証明書（登記所に届け出ることができるのは「理事長A」としての印鑑です）
④ 理事会議事録（融資取引について決議されたことを確認する）
⑤ 評議委員会議事録（融資取引については意見を聞くか、決議が必要）

□ 学校法人の登記例

会社法人等番号	０００－００－０００
名　　称	学校法人何学園
主たる事務所	東京都千代田区霞が関一丁目１番１号
法人成立の年月日	平成２４年４月２日
目的等	目的及び事業並びに設置する私立学校（私立専修学校又は私立各種学校）の名称 　この法人は、教育基本法及び学校教育法に従い、学校教育を行うことを目的とする。 　この法人はその収益を学校の経営に充てるため、次に掲げる収益事業を行う。 　　１．教育用品小売業 　　２．食料品小売業 　この法人はその目的を達成するため、次に掲げる学校を設置する。 　　１．○○大学 　　２．○○短期大学 　　３．○○高等専門学校 　　４．○○高等学校 　　５．○○中学校 　　６．○○小学校 　　７．○○幼稚園
役員に関する事項	何県何市何町何番地 理事長　　何　　某
従たる事務所	１ 何県何市何町何番地 ２ 何県何市何町何番地
資産の総額	金何万円
解散の事由	何　　何
登記記録に関する事項	設立 　　　　　　　　　　　　　　　平成２４年　４月　２日登記

8　宗教法人の登記簿

　宗教法人には、３人以上の責任役員がおかれ、そのうちの１人が代表役員となり代表権をもちます。登記されるのは代表役員だけです。宗教法人との取引にあたって必要となる書類は次のとおりです。

①　登記簿
②　規　　則

③ 代表役員の印鑑証明書
④ 責任役員会議事録（融資取引については決議があったことを確認する）

□ 宗教法人の設立に関する登記例（主たる事務所の所在地でする場合）

会社法人等番号	００００－００－０００００
名　称^(注)	何　何
主たる事務所	東京都千代田区霞が関一丁目１番１号
法人成立の年月日	平成24年4月2日
目的等	目的 　　この法人は、何何教の教義をひろめ、儀式行事を行い、信者を教化育成し、衆生済度に精進することを目的とする。 　　上記の目的を達成するため、次の事業を行う。 　　１．何何育英会の管理運営 　　２．何何教関係図書の出版
役員に関する事項	何県何市何町何番地 　代表役員　　　　何　　　某
従たる事務所	1 何県何市何町何番地
公告の方法	何何新聞に掲載してする。
基本財産の総額	金何万円
包括団体の名称及び宗教法人非宗教法人の別	何何宗教法人
境内建物、境内地宝物の処分等に関する定め	何何宗教法人の代表役員の承認を得なければならない。
解散の事由	何　何
登記記録に関する事項	設立 　　　　　　　　　　　　　　　　　平成２４年　４月　２日登記

（注） 宗教法人の名称については、法律上特別の制限がないので、自由に定めることができる。通常、単位宗教法人にあっては、仏教系が「寺」または「院」、神社神道系が「神社」、その他が「教会」という字句を、包括宗教法人にあっては、仏教系が「宗」または「何宗何派」、神道系（神社神道を除く）が「教」、その他の宗教系が「教団」または「教会」という字句を用いる場合が多い。

9 中小企業等協同組合の登記簿

　中小企業等協同組合の代表者は代表理事で、代表理事として登記されます。他の理事は代表権をもちませんし、登記もされません。中小企業等協同組合との取引にあたって必要となる書類は次のとおりです。

① 登記簿
② 定　款
③ 代表理事の印鑑証明書等

□ 中小法人等協同組合の設立に関する登記例（組合の主たる事務所の所在地でする場合）

会社法人等番号	００００－００－０００００
名　称	何協同組合
主たる事務所	東京都千代田区霞が関一丁目１番１号
法人成立の年月日	平成２４年４月２日
目的等	事業 　　何　何
役員に関する事項	何県何市何町何番地 代表理事　　何　　某
	何県何市何町何番地 代表理事　　何　　某
	何県何市何町何番地 代表理事　　何　　某
代理人等に関する事項	何県何市何町何番地 参事　　　何　　某 事務所　何県何市何町何番地
従たる事務所	1 何県何市何町何番地
	2 何県何市何町何番地
	3 何県何市何町何番地
公告の方法	この組合の掲示場に掲示し、かつ、必要あるときは、何市において発行する何新聞に掲載してする。
出資１口の金額	金何円
出資の総口数	何口

払込済出資総数	金何万円
出資払込の方法	出資は全額を一時に払込むものとする。
地　区	何県何市の区域
存続期間	平成何年何月何日まで
解散の事由	組合員が何名以下になった場合には、解散する。
登記記録に関する事項	設立 　　　　　　　　　　　　　　　　　　　　平成２４年　４月　２日登記

5　会社登記簿・法人登記簿をとるまでの手順と閲覧制度

　金融機関のみなさんは、不動産登記簿や公図を閲覧したり、登記事項証明書などをとった経験のある人は多いと思いますが、それに比較して商業登記簿となると少ないかと思います。それは、商業登記簿が融資取引の開始の場合に相手方から提出させる書類のひとつとなっているからでしょう。

　しかし、融資業務となると、とったことがないではすまされません。金融機関側で、みるなりとってこなければなりません。また、相手方から受けとる場合でも、どのようにして登記事項証明書を手に入れるのか、基本的なことは知っておく必要があるでしょう。

　商業登記簿も不動産登記簿も、行政区画（市区町村など）を基準として定められている管轄登記所に行って、登記事項要約書なり登記事項証明書の交付を申請します。登記事項要約書の申請および登記事項証明書の交付の申請は、所定の手数料を支払えば、だれでもすることができます。

　ここでは、基礎的なことからみていきましょう。

1 登記所とは

　「登記所」という言葉は、みなさんも常日頃よく聞いていると思いますが、日本全国どこを探しても「登記所」という看板をかかげている役所はありません。

　「登記所」という呼び名は、商業登記では商業登記法１条の３、また不動産登記の場合は不動産登記法６条に「登記の事務は……所在地を管轄する法務局もしくは地方法務局もしくはこれらの支局またはこれらの出張所（以下単に「登記所」という。）

がつかさどる」と規定されています。

つまり、法務局等が国家機関として商業登記や不動産登記に関する事務を取り扱う「登記所」ということになります。本書でも、「登記所」という名前が一般に使われていますので、法務局等のことを「登記所」と呼ぶこととしておきます。

平成28年1月14日現在、全国には8カ所の法務局（東京、大阪、名古屋、広島、福岡、仙台、札幌、高松）と42カ所の地方法務局（横浜地方法務局など）、262カ所の支局（八王子支局など）、107カ所の出張所（東京法務局港出張所など）合計419カ所の登記所があります。中央の役所は法務省です。商業登記は法務省民事局商事課が、不動産登記は民事第2課が担当しています。

また、登記については、事務のコンピュータ化が進められ、不動産登記、商業登記とも平成20年3月コンピュータ化が完了し、7月には全登記所のオンライン化が完了しました。

なお、供託金関係の事務を取り扱うのも登記所ですが、これはすべての登記所で取り扱っているわけではありませんので注意が必要です。

2 どこの登記所に行けばよいか

それでは、商業登記簿（登記事項証明書）をとるには、どこの登記所に行ったらよいのでしょうか。

(1) 管轄登記所を調べる

登記の事務をどこの登記所で取り扱うかを決めることを「登記の管轄」といい、これによって定められた登記所を管轄登記所といいます。

そして、各登記所の管轄地域は行政区画（市区町村など）を基準として、法務大臣が定めています。

ここで、注意しておかなくてはならないことは、登記所によっては不動産登記のみしか扱っていない登記所もあるということです。

また、行政区画と管轄登記所が異なる場合もあります。事前に電話等で問い合わせをしておいた方がよいでしょう。

なお、全国の登記管轄一覧は、法務局のホームページなどで調べることができます（http://houmukyoku.moj.go.jp/homu/static/kankatsu_index.html）。

(2) 登記所の執務時間

登記所の執務時間は、平日の午前8時30分から12時まで、午後は1時から5時15分までとなっています。注意しなくてはならないことは、登記簿の閲覧はこの時間帯

であれば可能ですが、証明書等をもらうためには、事務量の多い登記所によっては、午前中でも11時以降に受け付けたものの交付は午後になったり、午後3時以降受け付けたものは翌日になったりします。あらかじめその登記所に問い合わせて確認しておいた方がよいでしょう。

なお、土曜日は閉庁となっています。

(3) 登記所の窓口はどうなっているか

登記所という役所は、業務量の増加にくらべ人手不足だといわれており、商業登記部門も混んでいることが多いようです。30分から1時間の待ち時間という登記所もめずらしくはありません。

登記所の内部は、1階が法人登記で2階が不動産登記とか、同じフロアで法人と不動産の登記部門が分かれていたり、また法人登記も不動産登記も同じ受付のところもあります。なお、前に説明したように、不動産登記しか扱っていない登記所もありますので十分注意してください。

受付のカウンターの上には「登記事項要約書・閲覧受付」と「登記事項証明書・交付」の窓口があります。閲覧するときは、あらかじめ収入印紙を貼ってださなければ、「収入印紙を貼ってください」といわれます（なお、類似商号の調査のための商号調査簿は無料です）。ただし登記事項証明書の申請は、交付されるときに収入印紙を貼ってもよいことになっています。

3 コンピュータ登記簿

(1) 登記事項証明書

- 従来の登記簿の謄本・抄本に代わるものとして「登記事項証明書」が発行されます。この証明書をとるためには、58ページの「登記事項証明書・登記簿謄抄本・概要記録事項証明書」交付申請書を使用します。この交付申請書は、会社登記簿・法人登記簿とも共通です。
- 代表者の資格証明書に代わるものとして「代表者事項証明書」が発行されます。

登記事項証明書、代表者事項証明書の交付手数料は、登記簿謄本・抄本とも書面請求は1通600円です（オンライン請求・送付は1通500円、オンライン請求・窓口交付は1通480円）。

なお、旧ブック庁で徴求できた資格証明書は1通500円でしたが、コンピュータ化された登記所では資格証明書を発行する制度はなく、代表者事項証明書となり、1通600円となった点に注意してください。

(2) 登記事項要約書

コンピュータ化により、商業登記簿の閲覧制度がなくなりました（ただし、閉鎖登記簿は残っています）。これに代わるものとして「登記事項要約書」が発行されます。

これは、現に効力を有する事項を記載した書面です。ただし、これには認証文（証明文）が付されませんので注意してください。交付手数料は1登記記録450円です。また、登記事項要約書は閲覧制度に代わるものですから、郵送によって取得することはできません。

(3) 印鑑証明書

印鑑の登録や印鑑証明書の作成もコンピュータにより処理されます。交付手数料は書面請求の場合、1件450円です（オンライン請求・送付は1件410円、オンライン請求・窓口交付は1件390円）。

(4) 類似商号調査

類似商号調査については、以前は備え付けの「商号調査簿」により行っていましたが、現在は登記所にパソコンが導入され、これによって見ることとなっています（無料）。

☐ 登記事項証明書交付申請書

	登記事項証明書
会社法人用	登記簿謄抄本 交付申請書
	概要記録事項証明書

※ 太枠の中に書いてください。

（地方）法務局　　支局・出張所　　平成　年　月　日　申請

窓口に来られた人 （申請人）	住所 豊島区池袋4-30-20	収入印紙欄
	フリガナ　ホウム　タロウ 氏名　法務　太郎	収入印紙
商号・名称 （会社等の名前）	日本商事株式会社	
本店・主たる事務所 （会社等の住所）	豊島区池袋4-30-20	収入印紙
会社法人等番号	（わかる人は記載してください）	

※　必要なものの☐にレ印をつけてください。

請　求　事　項	請求通数
①全部事項証明書（謄本） 　☑ 履歴事項証明書（閉鎖されていない登記事項の証明） 　※現在効力がある登記事項に加えて，当該証明書の交付の請求があった日の3年前の日の属する年の1月1日から請求があった日までの間に抹消された事項等を記載したものです。 　☐ 現在事項証明書（現在効力がある登記事項の証明） 　☐ 閉鎖事項証明書（閉鎖された登記事項の証明） 　※当該証明書の交付の請求があった日の3年前の属する年の1月1日よりも前に抹消された事項等を記載したものです。	/　通
②一部事項証明書（抄本）　　※　必要な区を選んでください。 　☐ 履歴事項証明書　　☐ 株式・資本区 　☐ 現在事項証明書　　☐ 目的区 　☐ 閉鎖事項証明書　　☐ 役員区 　　　　　　　　　　　☐ 支配人・代理人区 ※商号・名称区及び　※2名以上の支配人・参事等がいる場合で，その一部の者のみを 会社・法人状態区　　請求するときは，その支配人・参事等の氏名を記載してくださ は，どの請求にも　　い。 表示されます。　　　（氏名　　　　　　　　） 　　　　　　　　　　　（氏名　　　　　　　　） 　　　　　　　　　　　☐ その他（　　　　　　　　）	通
③☐代表者事項証明書　（代表権のある者の証明） ※2名以上の代表者がいる場合で，その一部の者の証明のみを請求するときは，その代表者の氏名を記載してください。（氏名　　　）	通
④コンピュータ化以前の閉鎖登記簿の謄抄本 　☐ コンピュータ化に伴う閉鎖登記簿謄本 　☐ 閉鎖謄本（　　　年　月　日閉鎖） 　☐ 閉鎖役員欄（　　　年　月　日閉鎖） 　☐ その他（　　　　　　　　　　）	通
⑤概要記録事項証明書 　☐ 現在事項証明書（動産譲渡登記事項概要ファイル） 　☐ 現在事項証明書（債権譲渡登記事項概要ファイル） 　☐ 閉鎖事項証明書（動産譲渡登記事項概要ファイル） 　☐ 閉鎖事項証明書（債権譲渡登記事項概要ファイル） ※請求された登記記録がない場合には，記録されている事項がない旨の証明書が発行されます。	通

収入印紙は割印をしないでここに貼ってください。
（登記印紙も使用可能）

交付通数	交付枚数	手　数　料	受付・交付年月日

（乙号・6）

（注）1　書面請求の手数料は平成25年4月1日以降、登記事項証明書、謄本または抄本とも1通につき50枚まで600円です（1通の枚数が50枚を超えるものについては、その超える枚数50枚までごとに100円を加算した額）。代表事項証明書は1通600円です。

2　商号・未成年者・後見人・支配人等の登記事項証明書（謄抄本）は1通につき600円です。

3　登記特別会計が廃止され、平成23年4月1日から、収入印紙となりましたが、手持ちの登記印紙はそのまま使えます。

☐ 登記事項要約書交付申請書

|会社法人用| 登記事項要約書交付 閲　　　覧　申　請　書

※ 太枠の中に書いてください。
　　　（地方）法務局　　　支局・出張所　　　平成　　年　　月　　日申請

窓口に来られた人 （申請人）	住所	豊島区池袋4-30-20
	フリガナ	ホウム　タロウ
	氏名	法務　太郎
商号・名称 （会社等の名前）		日本商事株式会社
本店・主たる事務 （会社等の住所）		豊島区池袋4-30-20
会社法人等番号		（わかる人は記載してください）

収入印紙欄
収入印紙
収入印紙
収入印紙は割印をしないでここに貼ってください。
（登記印紙も使用可能）

※該当事項の□にレ印をつけてください。

要約書	☑ 会社法人	※**商号・名称**及び**会社・法人状態区**はどの請求にも表示されます。 ※請求できる区の数は上記のほか**3個**までです。 ☑ 株式・資本区 ☑ 目　的　区 ☑ 役　員　区 ☐ 支配人・代理人区 ☐ 支店・従たる事務所区 ☐ その他（　　　　　　）
	☐ 会社法人以外	☐ 商号登記簿 ☐ その他（　　　　　　）
閲覧		☐ 登記簿　　☐ その他（　　　　　） ☐ 閉鎖登記簿（　　年　月　日閉鎖） ☐ 申請書（　年　月　日受付第　　号） 利害関係：

交付通数	交付枚数	手数料	受付・交付年月日

（乙号・7）

（注）登記事項要約書　1通450円
　　　登記簿の閲覧　　1件450円

1　マイナンバー法人番号とは

2　会社・法人登記簿および印鑑証明制度の基礎知識

3　自社でできる商号・本店所在地変更および解散・清算の登記

4　特例有限会社の登記簿と株式会社への移行手続

【参考】登記事項証明書と登記事項要約書

1 登記事項証明書
登記事項証明書には、次の四種類のものがあります。
（1） 現在事項証明書……現在の役員の氏名など現に効力を有する事項（全部又は一部について）及び変更された直前の商号・本店の登記事項を証明するものです。
（2） 履歴事項証明書……現に効力を有する事項に加えて、請求のあった日の3年前の年の1月1日から請求の日までの間に抹消された事項等（全部又は一部について）を証明するものです。
具体的には、吸収合併の登記等（会社履歴区に記載される登記事項）、設立あるいは他の管轄登記所からの本店移転の登記等（登記記録区に記載される登記事項）及び登記事項の抹消、廃止、役員の辞任又は退任の登記等がこれに含まれます。
（3） 閉鎖事項証明書……他の登記所の管轄に本店が移転した会社の登記簿など閉鎖登記記録に記録されている事項（全部又は一部について）及び履歴事項証明書に記載されない請求のあった日の3年前の1月1日以前に抹消された登記事項を証明するものです。
（4） 代表者事項証明書……会社の代表者に関する事項を証明するものです。これまでの代表者の資格証明書に代わるものです。

2 登記事項要約書
登記簿の閲覧制度は廃止され、新しく登記事項要約書の交付を請求するという制度になりました。この登記事項要約書は、現に効力を有する事項を記載した書面です。
登記事項要約書は区単位で請求することになりますが、1申請で請求することができる「区」の数は、「商号区」及び「会社状態区」（登記がある場合に限られます）のほか、3区が限度です。

＊ 手数料（平成25年4月1日以降）
　登記事項証明書……600円
　登記事項要約書……450円
　印鑑証明書…………450円
　注：オンライン請求のときの手数料は「主な登記手数料一覧」参照
（東京法務局発行のパンフレットより）

6　印鑑証明書および資格証明書制度の基礎知識

1　印鑑証明書制度

　会社の印鑑証明と個人の印鑑証明とのちがいについて説明しましょう。

　会社・法人の代表者等があらかじめその印鑑を登記所に提出しておかなければならないのは、後日変更の登記等の登記申請があった場合に、この届出印鑑と登記申請書に押印された印鑑を登記官が照合し、その登記申請の真実性を担保するためです。

　これに対して個人の印鑑は、もっぱら証明することを目的として市区町村が発行する制度です。会社の印鑑をあらかじめ登記所に提出するときの「印鑑届書」にも、代表取締役個人の実印を押印し、作成後3カ月以内の市区町村発行の印鑑証明書を添付し、真実性を担保することになっています。

　会社は、代表取締役が2名以上いる場合は各人が実印をもつことができます（同一の印鑑でないこと）が、個人は1個の実印しかもてません。

　会社等は印鑑証明書を郵送によってもとることができますが、個人の場合はできません。

❶契約書等に実印を押す意味

　私たちの住んでいる社会では、まわりをみわたすと売買契約書とか、金銭消費貸借契約証書、根抵当権設定契約証書などもろもろの契約書が登場してきます。

　そして、この契約書は、会社なら代表権のあるものと契約を取りかわさなければ、原則として効力は生じません。そこで相手方に代表権があるかないかを調べる必要があり、そのひとつが会社の登記事項証明書等を調べることだということを説明してきました。

　さらに、これから説明する代表者の印鑑証明書により、取引の相手方としての代表取締役の確認をすることができます。つまり印鑑証明書と契約書などの印影（実印）が同じであることをみて、代表者など権限あるものが押印したことを確認できます。

　個人の場合も使用される目的については、会社等の場合と異なるところはなく、契約書等の真正を担保するために個人の実印を押印することとしています。

2 登記所に印鑑を提出する意味

(1) 商業登記制度の仕組み

あらためて印鑑を提出する意味を聞かれると、みなさんはすぐに「印鑑証明書」を交付する必要があるからだと答えられるかもしれません。だが、これは正しくはありません。本当の理由は商業登記制度の仕組みからきているのです。

つまり、印鑑の届出をあらかじめしておく理由は、届出しておいた印鑑（会社の実印）と、その後される登記の申請書（各種変更登記など）または委任状に押された印鑑とを登記所で照合することにより、その登記の申請が真実の申請人によってされていること（申請人の同一性）を担保し、誤りのない登記をしようとするところからきています。

(2) 印鑑の届出を義務づけられている者

印鑑の届出は、登記の申請書に押印すべき者（会社の代表者など）が最初に登記の申請をするときまでに（同時でもよい）しなければなりません。

つまり、印鑑の届出を義務づけられているのです。会社の設立の登記とか代表取締役の改選による役員変更登記などを具体例としてイメージしてください。

なお、これらの登記のときは、印鑑だけを先に届け出ることはできませんので、会社設立登記や、役員変更（就任）登記申請と同時に届け出るのが実務の取扱いとなっています。

この印鑑の届出を義務づけられている者、つまり「登記の申請書に押印すべき者」ということについて、実務で知っておきたいことだけ次にふれておきます。

会社の場合は、代表取締役、代表清算人、会社を代表する業務執行社員などで、個人商人の場合は本人または法定代理人です。

代表取締役が数名いて、そのうちの一部の者だけが印鑑の提出もできますが、この場合には他の者も必要があればいつでも印鑑の提出をすることができます。

ただし、同一の印鑑を他の代表取締役が二重に届け出ることはできません。また1人が数個の印鑑を提出することもできません。

本来の趣旨はこのようなものです。しかし、せっかく登記所に印鑑の届出をしている者、とくに会社の代表者などに印鑑証明がされれば、市区町村で発行している個人の印鑑証明と同じように、その者だけでなく取引上も便利です。このようなところから、商業登記法は、登記所に印鑑の届出をした者が申請したときは、その印鑑の証明書を交付するという制度を設けたのです。

(3) 印鑑の届出ができる者

　支配人とか、会社更生法・民事再生法による管財人や保全管理人、破産管財人は、登記の申請書に押印すべき者ではなく印鑑届出の義務はありませんが、印鑑の届出をしておけばこの印鑑証明制度を活用でき印鑑証明書を受けることができます。

3 印鑑の提出はどのようにするのか

　印鑑の提出は、提出する印鑑を明らかにした「印鑑（改印）届書」（別紙）によってしなければなりません。

① 　印鑑の大きさは、「辺の長さが1センチメートルの正方形に収まるもの」、または「3センチメートルの正方形に収まらないもの」であってはならないとされています。なお、印鑑は照合に適するものでなければなりません。

　印鑑の文字等については制限がありませんが、文字等が著しく複雑なものまたは、あまり簡単すぎて個性のないものは不適当とされます。

　個人の実印や認印を会社の実印として届け出ることもできますが、実印の重要性からみると別個の印のほうがよいと思います。

② 　印鑑（改印）届書は、登記所に申し出ると無料で交付されます（次ページ）。

　作成の真正を担保するため、代表者個人の市区町村長発行の印鑑証明書（作成後3カ月以内）を添付します。

　登記所では、その後登記の申請があるたびに、届けられている印鑑の印影と、申請書や委任状に押されている印影とを照合して、両者が同一であると認めた場合にその申請を受理します。したがって、当然申請書や委任状に押す印鑑は、必ず登記所に届出をした印鑑と同一のものを使用しなくてはなりません。

☐ 印鑑（改印）届書

印鑑（改印）届書

※ 太枠の中に書いてください。

（地方）法務局　　支局・出張所　　平成　年　月　日　申請

（注1）（届出印は鮮明に押印してください。）	商号・名称	株式会社 新宿商事
	本店・主たる事務所	東京都新宿区一丁目1番1号
印	印鑑提出者　資格	⊙代表取締役・取締役・代表理事 理事・（　　　　　）
	氏名	新宿　太郎
	生年月日	大・㊩・平・西暦　32年 11月 11日生
☑ 印鑑カードは引き継がない。 ☐ 印鑑カードを引き継ぐ。	会社法人等番号	（わかる人は記載してください）

（注2）印鑑カード番号＿＿＿＿＿＿＿＿＿＿＿＿＿＿
前任者＿＿＿＿＿＿＿＿＿＿＿＿＿＿＿＿＿＿

届出人（注3）　☑ 印鑑提出者本人　　☐ 代理人

住　所	東京都新宿区二丁目4番6号
フリガナ	シンジュク　タロウ
氏　名	新宿　太郎

（注3）の印　印

委　任　状

私は，(住所)

（氏名）

を代理人と定め，印鑑(改印)の届出の権限を委任します。

平成　年　月　日

住所

氏名　　　　　　　　　　　　　印

（注3）の印　市区町村に登録した印鑑

☐ 市区町村長作成の印鑑証明書は，登記申請書に添付のものを援用する。（注4）

（注1）印鑑の大きさは，辺の長さが1cmを超え，3cm以内の正方形の中に収まるものでなければなりません。
（注2）印鑑カードを前任者から引き継ぐことができます。該当する☐にレ印をつけ，カードを引き継いだ場合には，その印鑑カードの番号・前任者の氏名を記載してください。
（注3）本人が届け出るときは，本人の住所・氏名を記載し，**市区町村に登録済みの印鑑**を押印してください。代理人が届け出るときは，代理人の住所・氏名を記載し，押印（認印で可）し，委任状に所要事項を記載し，本人が**市区町村に登録済みの印鑑**を押印してください。
（注4）この届書には作成後3か月以内の**本人の印鑑証明書**を添付してください。登記申請書に添付した印鑑証明書を援用する場合は，☐にレ印をつけてください。

印鑑処理年月日				
印鑑処理番号	受付	調査	入力	校合

(乙号・8)

（注）平成10年の商業登記規則の改正により印鑑紙、印鑑票および印鑑簿は廃止され、これらはなくなりました。そのかわりに、印鑑および印鑑届出事項は磁気ディスクをもって調整する「印鑑ファイル」に記録することとなりました。

4 印鑑証明書の請求方法

　取引先の印鑑証明書をチェックすることは、法人取引のなかでは大事な仕事のひとつとなっています。そこで、この印鑑証明書がどのような申請をすることによって交付が受けられるのか、みておきましょう。

　なお、この印鑑証明書は郵送によっても取ることができますが、閲覧はできません。

　印鑑証明書の交付を請求できるのは、その登記所に印鑑の届出をした人だけに限られています。この印鑑の届出をしている人とは、具体的には前に説明した、①印鑑の届出を義務づけられている人、つまり登記の申請書に押印すべき会社の代表者などと、②印鑑の届出ができる人つまり、支配人とか会社更生法・民事再生法による管財人や保全管理人、破産管財人のことです。

　なお、使者による交付申請も認められていますので、実務で実際に登記所の窓口に印鑑証明を取りに来る人は、その会社の総務とか経理担当の人が多いでしょう。

　① 申請書と印鑑カードの提出

　印鑑証明書の交付の請求は、別紙様式の印鑑証明書交付申請書（押印不要）とともに印鑑カードの提出により行います。代理人によって請求する場合であっても印鑑カードを提出すれば、別途委任状を添付する必要はありません。

　郵送により印鑑証明書の交付を請求することができますが、その場合も印鑑カードをつけて提出します。郵送の方法（普通郵便、書留郵便）は、請求者が自由にきめることができますが、郵送料を郵便切手で納付（同封にて可）することになります。

　② 印鑑証明書の交付

　登記所では、印鑑証明書の交付の請求があったときは、提出のあった印鑑カードを印鑑カード読取装置に読み込ませ、申請書の記載と印鑑ファイルの記録等とが相違しないことを確かめた後、別紙見本のような印鑑の証明書を作成し、申請人に交付します。

　なお、印鑑の証明書の交付および提出された印鑑カードの返還にあたっては、受付に際して引換券を交付する等により、第三者に交付することのないよう配慮することになっています。

☐ 印鑑証明書交付申請書

| 会社法人用 | 印鑑証明書交付申請書 |

※ 太枠の中に書いてください。

（地方）法務局　　支局・出張所　　平成　年　月　日申請

商号・名称 （会社等の名前）	株式会社 新宿商事	収入印紙欄
本店・主たる事務所 （会社等の住所）	東京都 新宿区一丁目1番1号	収入印紙
支配人・参事等を置いた営業所又は事務所		
印鑑提出	資格	(代表取締役)・取締役・代表社員・代表理事・理事・支配人 （　　　　　　）	収入印紙
	氏名	新宿 太郎	
	生年月日	大・㊫・平・西暦　32年 11月 11日生	
印鑑カード番号		
請求通数	1 通	

窓口に来られた人（申請人）※いずれかの☐にレ印をつけ、代理人の場合は住所・氏名を記載してください。

☐ 印鑑提出者本人
☑ 代理人

　　住　所　東京都千代田区大手町一丁目1番1号
　　フリガナ　チヨダ イチロウ
　　氏　名　千代田 一郎

※代理人の場合でも委任状は必要ありません。

※必ず印鑑カードを添えて申請してください。

（収入印紙は割印をしないでここに貼ってください。登記印紙も使用可能）

交付通数	整理番号	手数料	受付・交付年月日

（乙号・11）

☐ 印鑑証明書

印鑑証明書

五三の桐の模様

会社法人番号０００７７７

　商　号　　株式会社新宿商事
　本　店　　東京都新宿区一丁目１番１号
　　　　　　代表取締役　新　宿　太　郎
　　　　　　昭和32年11月11日生

　これは提出されている印鑑の写しに相違ないことを照明する。
　　　　平成　年　月　日
　　○○法務局○○出張所
　　登　記　官　　　　　　　○　○　○　○　　印

整理番号　　０００３３３
この証明書には，すかしが入っており，コピーすると複製の文字が写ります。

※すかし及び地紋（スラー方式）を施した偽造防止用の用紙とする。

2　資格証明書

　コンピュータ化される前のブック庁における登記所では、「登記事項に変更およびある事項の登記がないことの証明書」が資格証明書として交付されていました。しかし現在は、資格証明書は発行されず、これに代わる証明書として、代表者事項証明書が交付されています。これは、会社の代表者の代表権に関する事項で現に効力を有する事項を記載した書面に証明文を付したものです。

　金融機関でも「資格証明書」という言葉は日常よく使われています。それは金融機

関で不動産を担保にとり、（根）抵当権等の設定や抹消登記をするとき、司法書士に委任する場合、代表者の代理権限を証する書面として必要となるからです。このときの資格証明書のひとつは見本例にあるものです。

なお、コンピュータ登記所の窓口でも、以前から資格証明書という言葉が一般に使われてきましたので、今でもこの言葉で請求する人が多いようですが、登記所では用途を聞いて代表者事項証明書を交付したり、現在事項証明書等を交付しているということです。

（注）広い意味での資格証明書の中には、このほかに会社の登記簿謄本や代表者の抄本、履歴事項証明書も、会社の代表者の資格を証明するものとして用いられています。

PART 3 自社でできる商号・本店所在地変更および解散・清算の登記

1 商号変更登記と登記記録例

1 商号の変更登記

　会社法では、いわゆる「類似商号」の制度は廃止されましたが、会社法8条は、「何人も、不正の目的をもって、他の会社であると誤認されるおそれのある名称又は商号を使用してはならない」と規定していますので、商号を変更しようとする場合には、類似商号の有無を調査する必要があります。これに該当しないことが判明したら、商号は定款の絶対的記載事項ですから、株主総会を開催し定款変更の決議をすることになります。

2 株主総会の決議

　この決議は、議決権を行使することができる株主の議決権の過半数（3分の1以上の割合を定款で定めた場合にはその割合以上）を有する株主が出席し、出席した当該株主の議決権の3分の2（これを上回る割合を定款で定めた場合には、その割合）以上に当たる多数によって決議しなければなりません（会社法309条2項本文）。

3 登記申請手続

　次ページの変更登記申請書様式は、法務省ホームページに掲載されているものです。

□ 株式会社変更登記申請書の記載例（商号変更）

受付番号票貼付欄

株式会社変更登記申請書

1．会社法人等番号　　　0000－00－000000　　　〈分かる場合に記載してください。〉

1．商　　号　　　　　　〇〇興行株式会社　　　〈旧商号を記載してください。〉

1．本　　店　　　　　　〇県〇市〇町〇丁目〇番〇号

1．登記の事由　　　　　商号の変更

1．登記すべき事項　　　平成〇年〇月〇日商号変更
　　　　　　　　　　　商号　　〇〇商事株式会社

〈商号は，新商号を記載してください。〉

1．登録免許税　　　　　金30,000円

〈1件につき3万円です。収入印紙又は領収証書で納付します。（→収入印紙貼付台紙へ貼付）。〉

1．添付書類
　　　株主総会議事録　　　1通
　　　委任状　　　　　　　1通
　　　※代理人に申請を委任した場合のみ必要です。

上記のとおり登記の申請をします。

　　平成〇年〇月〇日

　　　　　　　○県○市○町○丁目○番○号 ※₁
　　　　　　申請人　　○○商事株式会社 ※₂

※₁〜※₄にはそれぞれ，
※₁→本店，
※₂→商号（変更後の商号）
※₃→代表取締役の住所，
※₄→代理人の住所，
を記載します。

　　　　　　　○県○市○町○丁目○番○号 ※₃
　　　　　　代表取締役　法　務　太　郎　　㊞

登記所に提出した印鑑を押します。

　　　　　　　○県○市○町○丁目○番○号 ※₄
　　　　　　上記代理人　法　務　三　郎　　㊞

代理人が申請する場合にのみ記載し，代理人の印鑑（認印）を押します。この場合，代表取締役の押印は，必要ありません。

　　　　　　連絡先の電話番号

　　　　　○○法務局　　○○支　局　御中

契印

　　　登記申請書（収入印紙貼付台紙を含む。）が複数ページになる場合は各ページのつづり目に契印する必要があります。契印は，登記申請書に押した印鑑（代表取締役が法務局に提出した印鑑又は代理人の印鑑）と同一の印鑑を使用する必要があります。

　　　　　　　┌─────┐
　　　　　　　│収　入│
　　　　　　　│印　紙│
　　　　　　　└─────┘

(注) 割印をしないで貼ってください。

□ 株主総会議事録の記載例

第○○回臨時株主総会議事録

平成○年○月○日午前○時○分から，当会社の本店において臨時株主総会を開催した。
　　株主の総数　　　　　　　　　　　　　　　　　○○名
　　発行済株式の総数　　　　　　　　　　　　　　○○○○株
　　（自己株式の数　○○○○株）
(注) 自己株式がある場合に記載します。自己株式とは，株式会社が保有する自己の株式をいいます。
　　議決権を行使することができる株主の数　　　　○○名
　　議決権を行使することができる株主の議決権の数　○○○○個
　　出席株主数（委任状による者を含む）　　　　　○○名
　　出席株主の議決権の数　　　　　　　　　　　　○○○○個
　　出席取締役　　法務　太郎（議長兼議事録作成者）
　　　　　　　　　法務　一郎
　　　　　　　　　法務　次郎
　　出席監査役　　法務　花子
　以上のとおり総株主の議決権の過半数に相当する株式を有する株主が出席したので，本会は適法に成立した。
　よって，取締役法務太郎は議長席に着き，開会を宣し，直ちに下記議案を付議したところ，満場一致の決議をもって原案どおり可決確定した。
議案　定款変更の件
　1　定款第1条を次のとおり変更すること。
　　（商号）
　第1条　当会社は，商号を○○商事株式会社と称する。
　　　(注) 商号については本店を管轄する登記所で同一の所在場所に同一商号の会社が他に存在しないかを必ず調査してください。
　　　　　調査は無料でできます。
　以上をもって本日の議事を終了したので，議長は閉会を宣した。閉会時刻は午前○時○分であった。
　　上記の決議を明確にするため，この議事録を作り，議長，出席取締役及び出席監査役がこれに記名押印する。

　平成○年○月○日
　　　　　　　　　　　　　　　　　○○商事株式会社第○回定時株主総会
　　　　　　　　　　　代表取締役　　法務　太郎　㊞
　　　　　　　　　　　取締役　　　　法務　一郎　㊞
　　　　　　　　　　　同　　　　　　法務　次郎　㊞
　　　　　　　　　　　監査役　　　　法務　三郎　㊞
(注) 株主総会議事録が複数ページになる場合には，各ページのつづり目に契印してください。
　　契印は，議事録署名者のうち1名の印鑑で構いません。

4　登記記録例

10ページの第一電気機器株式会社の商号変更登記（平成30年6月1日変更、平成30年6月5日登記）で確認してください。

2　本店移転による所在地変更登記と登記記録例

1　本店の移転

「本店所在地」は、「商号」同様、定款の絶対的記載事項の一つですが、定め方について以下の3つの方法があります。

1．東京都港区（または横浜市）
2．東京都港区新橋六丁目1番1号
3．横浜市港北区

1の方法は、本店の所在地を独立の最小行政区画（市町村をいう。ただし東京都の特別区の存する区域にあっては、区をいう）まで定めればよいので、この方法で定めていれば、同一市町村内での本店移転の場合には、定款の変更は不要で、取締役の決定（取締役会設置会社にあっては、取締役会の決議）のみで実施できるので、このほうで定める会社が多いようです。この場合でも他の最小行政区画に本店を移転する場合には、株主総会を開催して定款変更の決議が必要です。

2の方法は、本店の所在地を所在地番まで具体的に定める方法で、この場合には株主総会を開催して「本店所在地」を変更する定款変更の決議をしなければなりません。この決め方は、実務では少ないようです。

3の方法は、政令指定都市において独立の最小行政区画（区ではなく市）より詳細に定める方法です。この場合、他の区へ本店を移転しようとするときは、株主総会を開催して、「本店所在地」を変更する定款変更の決議をしなければなりません。

なお、1または3の方法によって本店所在地を定めている場合に、同一の最小行政区画内または政令指定都市の同一区内で移転しようとするときは、取締役会を開催して、新本店の所在場所（所在地番または○丁目　○番○号）および移転の年月日を決議しなければなりません（2の場合には、本店移転の年月日を定めれば足ります）。

2　登記申請手続

　次ページの本店移転登記申請書の様式は、法務省ホームページに掲載されているものです。
　なお、株式会社の本店所在地の変更には次の2つのケースがあります。
　①　管轄登記所**内**で移転する場合
　②　管轄登記所**外**に移転する場合
　①の申請書は、②の（変更前の本店所在地を管轄する登記所宛ての申請書、次ページ）と同じですから、省略しました。

3　登記記録例

　10ページの第一電気機器株式会社の所在地変更登記（平成30年6月1日変更、平成30年6月5日登記）で確認してください。

□ 株式会社本店移転登記申請書（管轄登記所外に移転する場合）の記載例

（変更前の本店所在地を管轄する登記所宛ての申請書）
※ 変更前の本店所在地宛ての申請書並びに変更後の本店所在地宛ての申請書（代理人に申請を委任した場合は委任状も）及び印鑑届書は，同時に，変更前の本店所在地の登記所に提出してください。

株式会社本店移転登記申請書

1．商　　号　　　　　○○商事株式会社

1．本　　店　　　　　○県○市○町○丁目○番○号
　　　　　　　　　　　（注）変更前の本店を記載します。

1．登記の事由　　　　本店移転

1．登記すべき事項　　平成○年○月○日本店移転
　　　　　　　　　　本店　○県○市○町○丁目○番○号
　　　　　　　　　　（注）変更後の本店を記載します。
　　　　　　　　　　　　　日付は変更の決議をした議事録に記載されている移転の時期（実際に移転した日）を記載します。

1．登録免許税　　　　金３０，０００円
　　　　　　　　　　（注）１件につき３万円です。収入印紙又は領収証書で納付します。
　　　　　　　　　　　　　（→収入印紙貼付台紙へ貼付）

1．添付書類
　　　株主総会議事録　　　１通
　　　取締役会議事録　　　１通
　　　委任状　　　　　　　１通
　　　（注）代理人に登記申請を委任した場合のみ必要です。

上記のとおり，登記の申請をします。

　　平成○○年○○月○○日

受付番号票貼付欄

（注）この欄は，必ず申請書初葉の最下部に設けてください。

○県○市○町○丁目○番○号※1
申請人　　○○商事株式会社　※2

○県○市○町○丁目○番○号※3
代表取締役　法　務　太　郎　㊞

○県○市○町○丁目○番○号※4
上記代理人　法　務　三　郎　㊞

連絡先の電話番号　　○○－○○○○－○○○○

> ※1～※4にはそれぞれ
> ※1→新本店，※2→商号，
> ※3→代表取締役の住所，
> ※4→代理人の住所，
> を記載してください。

> 新所在地を管轄する登記所に提出する印鑑を押印してください。

> 代理人が申請する場合に記載しますが，この場合，代表取締役の押印は，必要ありません。

○○法務局（地方法務局）　　御中
（注）変更前の本店を管轄する登記所名を記載してください。

```
┌─────────┐
│  収　入  │
│  印　紙  │
└─────────┘
```

（注）割印をしないで貼ってください。

契印

（注）1　登記申請書（収入印紙貼付台紙を含む。）の各ページに契印をしてください。
　　　2　契印をする場合には，申請書に押印した印鑑と同一の印鑑を使用してください。

□ 臨時株主総会議事録の記載例

臨時株主総会議事録

　平成〇〇年〇〇月〇〇日午前〇時〇分より，当会社の本店において臨時株主総会を開催した。

　　　株主の総数　　　　　　　　　　　　　　　　　〇〇名
　　　発行済株式の総数　　　　　　　　　　　　　　〇〇〇〇株
　　　（自己株式の数　〇〇〇〇株）
　　　議決権を行使できる株主の数　　　　　　　　　〇〇名
　　　議決権を行使することができる株主の議決権の数　〇〇〇〇個
　　　出席株主数（委任状による者を含む）　　　　　〇〇〇〇名
　　　出席株主の議決権の数　　　　　　　　　　　　〇〇〇〇個
　　　出席取締役　法務　太郎（議長兼議事録作成者）
　　　　　　　　　法務　一郎
　　　　　　　　　法務　次郎
　　　出席監査役　法務　花子
　以上のとおり総株主の議決権の過半数に相当する株式を有する株主が出席したので本会は適法に成立した。
　よって取締役法務太郎は議長席に着き開会を宣し，ただちに議事に入った。

議案　定款変更の件
　議長は，業務の都合上，本店を〇県〇市に移転したいことを述べ，その理由を説明し，定款〇条を次のとおり変更したき旨を述べ，その賛否を問うたところ，満場異議なくこれを承認可決した。
　（本店）
　第〇条　当会社は，本店を〇県〇市に置く。

　以上をもって本日の議事を終了したので議長は閉会を宣した。閉会時刻は午前〇時〇分であった。
　上記の決議を明確にするため，この議事録を作成する。

　　平成〇〇年〇〇月〇〇日

　　　　　　　　　　　　　〇〇商事株式会社臨時株主総会
　　　　　　　　　　　　　　代表取締役　法務　太郎　㊞
　　　　　　　　　　　　　　取締役　　　法務　一郎　㊞
　　　　　　　　　　　　　　同　　　　　法務　次郎　㊞
　　　　　　　　　　　　　　監査役　　　法務　花子　㊞

（注）定款に本店の所在地として最小行政区画までを規定している場合であって、その最小行政区画内において本店を移転するときには、株主総会の決議は必要なく、取締役会の決議（取締役会設置会社でない会社にあっては、取締役の過半数の一致）により移転することになりますので、株主総会議事録の添付を要しません。

□ 取締役会議事録の記載例

取締役会議事録

　平成○○年○○月○○日午前○時○分当会社の本店において，取締役○名（総取締役数○名）出席のもとに，取締役会を開催し，下記議案につき可決確定のうえ，午前○時○分散会した。
　　出席取締役　　法務　太郎（議長）
　　　　　　　　　法務　一郎
　　　　　　　　　法務　次郎
　　出席監査役　　法務　花子

1　決議事項
　当会社の本店を下記へ移転すること。
　本店移転先　　○県○市○町○丁目○番○号
　移転の時期は，平成○○年○○月○○日とする。

　上記の決議を明確にするため，この議事録をつくり，出席取締役及び監査役の全員がこれに記名押印する。

　平成○○年○○月○○日

　　　　　　　　　　　　　　○○商事株式会社
　　　　　　　　　出席取締役　　　　法務　太郎　㊞
　　　　　　　　　同　　　　　　　　法務　一郎　㊞
　　　　　　　　　同　　　　　　　　法務　次郎　㊞
　　　　　　　　　出席監査役　　　　法務　花子　㊞

□ 株式会社本店移転登記申請書の記載例
　（変更後の本店所在地を管轄する登記所宛ての申請書）

株式会社本店移転登記申請書

１．商　　号　　　　　○○商事株式会社

１．本　　店　　　　　○県○市○町○丁目○番○号
　　　　　　　　　　　（注）変更後の本店を記載します。

１．登記の事由　　　　本店移転

１．登記すべき事項　　平成○○年○○月○○日本店移転
　　　　　　　　　　　その他の事項は，別添登記事項証明書記載のとおり
　　　　　　　　　　　（注）この申請書と登記事項証明書とをつづって契印してください。
　　　　　　　　　　　　　　なお，本店移転の前提として商号等の変更登記を行っている場合
　　　　　　　　　　　　　　には，登記事項証明書の引用ができないため，登記すべき事項を
　　　　　　　　　　　　　　「別添ＣＤ－Ｒのとおり」等と記載し，登記すべき事項を記録し
　　　　　　　　　　　　　　た磁気ディスクを提出する必要があります。

１．登録免許税　　　　金３０，０００円
　　　　　　　　　　　（注）１件につき３万円です。収入印紙又は領収証書で納付します。
　　　　　　　　　　　　　　（→収入印紙貼付台紙へ貼付）

１．添付書類
　　　委任状　　　　１通
　　　（注）代理人に申請を委任した場合にのみ，必要となります。
　　　　　　それ以外の添付書類は必要ありません。

　上記のとおり，登記の申請をします。

　　　平成○○年○○月○○日

受付番号票貼付欄

（注）この欄は，必ず申請書初葉の最下部に設けてください。

○県○市○町○丁目○番○号※1
申請人　　○○商事株式会社　※2

> ※1〜※4には，それぞれ
> ※1→新本店，※2→商号，
> ※3→代表取締役の住所，
> ※4→代理人の住所
> を記載してください。

○県○市○町○丁目○番○号※3
代表取締役　法　務　太　郎　㊞

> 代表取締役の印鑑については，「印鑑届書」によって新所在地に提出する印鑑を押印してください。
> 　新所在地に提出する印鑑が旧所在地に提出している印鑑と異なるときには，この印鑑届書に，市区町村長の作成した３か月以内の印鑑証明書を添付する必要があります。新所在地に提出する印鑑が旧所在地に提出している印鑑と同一のものであるときは，印鑑証明書を添付する必要はありません。なお，印鑑届書の用紙はお近くの登記所でお渡ししており（無料），また，法務省ホームページ（http://www.moj.go.jp/ONLINE/COMMERCE/11-2.html）からダウンロードしていただくことも，可能です。

○県○市○町○丁目○番○号※4
上記代理人　法　務　三　郎　㊞

> 代理人が申請する場合に記載しますが，この場合，代表取締役の押印は，必要ありません。

連絡先の電話番号　○○−○○○○−○○○○

○○法務局（地方法務局）　御中
　（注）変更後の本店を管轄する登記所名を記載します。

（注）割印をしないで貼ってください。

契印

（注）１　登記申請書（収入印紙貼付台紙を含む。）の各ページに契印をしてください。
　　　２　契印をする場合には，申請書に押印した印鑑と同一の印鑑を使用してください。

3 解散・清算の登記

1 解散および清算人選任の登記

　会社が解散すると清算人による清算手続をとり、この清算の結了によって、会社は法人格をなくします。清算中ならば、解散前の状態に復活する会社継続とその登記をすることができます。

　株式会社は次の理由によって解散します（会社法471条）。

① 会社の存続期間を定めていたときは、その期間が終わったとき
② その他定款で決めておいた理由が発生したとき
③ 株主総会で解散の決議をしたとき
④ 会社が合併したとき（合併により当該株式会社が消滅する場合に限る）
⑤ 会社が破産したとき
⑥ 裁判所が解散を命令したとき
⑦ 営業について免許を受けた会社の免許取消し……たとえば銀行法40条（免許の取消しによる解散）
⑧ 休眠会社とみなされたとき（12年以上登記をしていない、会社法472条1項）。これをみなし解散というが、特例有限会社についてはこの規定の適用はない（39ページ参照）

　以上のような解散理由がありますが、解散によってすぐに法人格がなくなるのではなく、清算手続や破産手続に入ります。

　会社が解散したときは、登記簿には見本例（38ページ参照）のように解散の理由と年月日の登記がされます。解散の登記がされると営業活動はできず、会社の機関は（注）にあるとおり、職権で抹消され、代わって清算人が清算事務を行うことになります。

　なお、監査役は清算事務を調査する役割が残っていますから、退任せず朱抹・抹消されません。

□ **株式会社解散及び清算人選任登記申請書の記載例**

株式会社解散及び清算人選任登記申請書

1．商　　号　　　　　○○商事株式会社

1．本　　店　　　　　○県○市○町○丁目○番○号

1．登記の事由　　　　解散
　　　　　　　　　　　平成○○年○○月○○日清算人及び代表清算人の選任

> 清算人会を設置した場合には，「清算人会設置会社の定め設定」も併せて記載します。

1．登記すべき事項　　別添ＣＤ－Ｒのとおり

> 登記すべき事項を記録した磁気ディスクを提出してください。

1．登録免許税　　　　金３９，０００円

> 解散の登記が３０，０００円，清算人及び代表清算人の選任に関する登記が９，０００円になります。収入印紙又は領収証書で納付します（収入印紙貼付台紙へ貼付）。

受付番号票貼付欄

1．添付書類
　　　定款　　　　　　　　　1通
　　　株主総会議事録　　　　1通
　　　清算人会議事録　　　　1通
　　　清算人及び代表清算人の
　　　就任承諾書　　　　　　○通
　　　委任状　　　　　　　　1通　※代理人に登記申請を委任した場合のみ，必要となります。

> 添付書類
> 解散・・・株主総会の決議により解散する場合は，株主総会議事録を添付します。存続期間の満了による解散の場合には，登記簿で存続期間が満了したことが明らかですから，この場合には，解散に係る添付書類は必要ありません。
> 清算人
> ① 取締役がなった場合・・・定款
> ② 定款で定められた者・・・定款，就任承諾書
> ③ 株主総会の決議で定められた者・・・定款，株主総会議事録，就任承諾書
> ④ 裁判所によって定められた者・・・定款，選任決定書正本（又は認証ある謄本）
> 代表清算人
> ① 代表取締役がなった場合・・・なし
> ② 定款で定められた者・・・定款，就任承諾書
> ③ 定款の定めに基づく清算人の互選で定められた者・・・定款，清算人の過半数の一致があったことを証する書面，就任承諾書
> ④ 株主総会の決議で定められた者・・・株主総会議事録
> ⑤ 裁判所によって定められた者・・・選任決定書正本（又は認証のある謄本）
> ⑥ 清算人会が選定した者・・・清算人会議事録，就任承諾書
> 　なお，会社法上，清算人会を設けたときは3人以上の清算人を選任することを要します。

上記のとおり，登記の申請をします。

　　　平成○○年○○月○○日

　　　　　　　○県○市○町○丁目○番○号※1
　　　　　　　申請人　　○○商事株式会社※2

　　　　　　　○県○市○町○丁目○番○号※3
　　　　　　　代表清算人　法　務　太　郎　㊞

> ※1〜※4には，それぞれ，
> ※1→本店
> ※2→商号
> ※3→代表清算人の住所
> ※4→代理人の住所
> を記載してください。

> 　代表清算人の印鑑については，「印鑑届書」によって登記所に提出した印鑑を押印してください。この印鑑届書には，市区町村長の作成した3か月以内の印鑑証明書を添付することが必要です。なお，印鑑届書の用紙はお近くの登記所でお渡ししており（無料），また法務省ホームページ（http://www.moj.go.jp/ONLINE/COMMERCE/11-2.html）からダウンロードしていただくことも可能です。

○県○市○町○丁目○番○号※4
上記代理人　法　務　三　郎　

> 代理人が申請する場合にのみ，代理人の印鑑を押印してください。この場合，代表清算人の印鑑の押印は，必要ありません。

連絡先の電話番号

○○法務局　　　御中

(注)　割印をしないで貼ってください。

(注)　1　登記申請書（収入印紙貼付台紙を含む。）は，各ページについて契印をしてください。
　　　2　契印には，申請書に押印した印鑑と同一の印鑑を使用してください。

□ 株主総会議事録の記載例

臨時株主総会議事録

　平成○○年○○月○○日午前○時○分より，当会社の本店において，臨時株主総会を開催した。

　　株主の総数　　　　　　　　　　　　　　　　○○名
　　発行済株式の総数　　　　　　　　　　　　　○○○○株
　　（自己株式の数　○○○○株）
　　議決権を行使することができ
　　る株主の数　　　　　　　　　　　　　　　　○○名
　　議決権を行使することができ
　　る株主の議決権の数　　　　　　　　　　　　○○○○個
　　出席株主数（委任状による者を含む。）　　　○○○○名
　　出席株主の議決権の数　　　　　　　　　　　○○○○個
　　出席取締役　法務　太郎（議長兼議事録作成者）
　　　　　　　　法務　次郎
　　　　　　　　法務　三郎
　　　　　　　　法務　花子
　　出席監査役　法務　四郎
　以上のとおり株主の出席があったので，定款の規定により取締役法務太郎は議長席につき，本臨時株主総会は適法に成立したので開会する旨を宣言し，直ちに，議事に入った。
　　第1号議案　当会社解散の件
　議長は，解散のやむを得ざるに至った事情を詳細に説明し，賛否を求めたところ，本日をもって解散することを全員異議なく承認した。
(注) 解散日を将来の日としようとする場合には，当該解散日を満了日とする存続期間の定めを設ける定款変更を決議し，その登記をする必要がありますので注意してください（その上で，当該存続期間の満了により解散したときは，2週間以内に解散の登記をすることになります。）。
　　第2号議案　解散に伴う清算人選任の件
　議長は，解散に伴い清算人に法務太郎，法務次郎及び法務花子を選任したい旨を総会に諮ったところ，全員一致でこれを承認し，被選任者はその就任を承諾した。
(注) 株主総会の席上で被選任者が就任を承諾し，その旨の記載が議事録にある場合には，申請書に就任承諾書を添付することを要しません。
　　この場合，申請書には，「就任承諾書については，株主総会議事録の記載を援用する。」と記載してください。
　　第3号事案　定款変更の件
　議長は以下のとおり，定款を変更し，清算人会を設置する必要がある旨を説明し，総会に諮ったところ，全員一致でこれを承認した。

定款に次の1条を加えること。
（清算人会設置会社に関する定め）
第○条　当会社は，清算人会を置く。
議長は，他に決議するべき事項のないことを確認の上，閉会を宣言した。
上記の決議を明確にするため，この議事録を作成する。

　　平成○○年○○月○○日

　　　　　　　　　　　　　　　○○商事株式会社臨時株主総会
　　　　　　　　　　　　　　　　議事録作成者　取締役　法務太郎　㊞

□ 清算人会議事録の記載例（清算人が複数いる場合）

清算人会議事録

　平成○年○月○日の臨時株主総会で選任された清算人○名は，同日午後○時○分より，当会社本店会議室において，下記のとおり，代表清算人を選定し，被選定者は，その就任を承諾した。
出席清算人　法務　太郎（議長）
　　　　　　法務　次郎
　　　　　　法務　花子
出席監査役　法務　四郎
　その後，今後の方針等につき協議を行い，午後○時○分，閉会した。
記
1　代表清算人　法務　太郎
　　上記決議を明確にするため，この議事録を作成し，出席清算人の全員が次に記名押印する。

　　平成○年○月○日

　　　　　　　　○○商事株式会社清算人会
　　　　　　　　　　代表清算人　　　　法務　太郎　㊞

　　　　　　　　　　出席清算人　　　　法務　次郎　㊞

　　　　　　　　　　同　　　　　　　　法務　花子　㊞

　　　　　　　　　　出席監査役　　　　法務　四郎　㊞

(注) 清算人会の席上で被選任者が就任を承諾し，その旨の記載が議事録にある場合には，申請書に就任承諾書を添付することを要しません。
*　この場合，申請書には，「就任承諾書については，清算人会議事録の記載を援用する。」と記載してください。*

2 清算結了の登記

1 実体上の手続

　清算人は、就任後遅滞なく会社財産の現況を調査し、財産目録および貸借対照表を作成し、株主総会の承認を受けなければなりません（会社法492条）。
債権者に対しては、債権を申し出るべき旨の催告をし、残余財産の分配をするなどして清算の終了をします。

2 登記申請手続

☐ 株式会社清算結了登記申請書の記載例

株式会社清算結了登記申請書

1．商　号　　　　　　　○○商事株式会社

1．本　店　　　　　　　○県○市○町○丁目○番○号

1．登記の事由　　　　　清算結了

1．登記すべき事項　　　平成○年○月○日清算結了
　　　　　　　　　　　※総会において決算報告書を承認した日を記載してください。

1．登録免許税　　　　　金２，０００円
　　　　　　　　　　　※１件につき２千円です。収入印紙又は領収証書で納付します。
　　　　　　　　　　　　（→収入印紙貼付台紙へ貼付）

1．添付書類
　　株主総会議事録　　　　１通
　　委任状　　　　　　　　１通
　　※代理人に申請を委任した場合にのみ必要です。

　上記のとおり，登記の申請をします。

　　平成○○年○○月○○日

受付番号票貼付欄
（注）この欄は，必ず申請書初葉の最下部に設けてください。

○県○市○町○丁目○番○号※1
申請人　　○○商事株式会社　※2

※1〜※4にはそれぞれ，
※1→本店，※2→商号，
※3→代表清算人の住所，
※4→代理人の住所，
　　を記載してください。

○県○市○町○丁目○番○号※3
代表清算人　法　務　太　郎　㊞

登記所に提出した印鑑を押印してください。

○県○市○町○丁目○番○号※4
上記代理人　法　務　三　郎　㊞

代理人が申請する場合にのみ記載し，代理人の印鑑を押印してください。この場合，代表清算人の押印は，必要ありません。

連絡先の電話番号

○○法務局　　　○○支　局　御中
　　　　　　　　　　出張所

（注）割印をしないで貼ってください。

契印

（注）1　登記申請書（収入印紙貼付台紙を含む。）は，各ページに契印してください。
　　　2　契印には，申請書に押印した印鑑と同一の印鑑を使用してください。

□ 株式会社（清算結了）株主総会議事録の記載例

株主総会議事録

　平成○年○月○日午前○時○分より，当会社の本店において決算報告書の承認総会を開いた。

　　　　株主の総数　　　　　　　　　　　　　　　○○名
　　　　発行済株式の総数　　　　　　　　　　　　○○○○株
　　　　（自己株式の数　○○○○株）
　　　　議決権を行使できる株主の数　　　　　　　○○名
　　　　議決権を行使することができ
　　　　る株主の議決権の数　　　　　　　　　　　○○○○個
　　　　出席株主数（委任状による者を含む）　　　○○○○名
　　　　出席株主の議決権の数　　　　　　　　　　○○○○個
　　　　出席清算人　法務太郎（議長兼議事録作成者）
　　　　同　　　　　法務一郎
　　　　同　　　　　法務次郎

　代表清算人法務太郎は，議長席につき開会を宣して，次いで，当会社の清算結了に至るまでの経過を詳細に報告し，別紙決算報告書を朗読し，その承認を求めたところ，満場異議なくこれを承認した。よって議長は会議の終了を告げ，午前○時○分閉会した。
　上記の決議を明確にするため，この議事録を作成する。
(注) 決算報告書を添付します。
　　　平成　　年　　月　　日

　　　　　　　　　　　　　　○○商事株式会社株主総会
　　　　　　　　　　　　　　　議事録作成者　清算人　法務太郎　㊞

□ 決算報告書の記載例

決算報告書

1 平成○年○月○日から平成○年○月○日までの期間内に取立て，資産の処分その他の行為によって得た債権の総額は，金○円である。
1 債務の弁済，清算に係る費用の支払その他の行為による費用の額は，金○円である。
1 現在の残余財産の額は，金○円である。
1 平成○年○月○日，清算換価実収額金○円を，次のように株主に分配した。
1 優先株式○株に対し総額　金○円（ただし，1株につき金○円の割合）
1 普通株式○株に対し総額　金○円（ただし，1株につき金○円○拾銭の割合）
上記のとおり清算結了したことを報告する。
平成○年○月○日
　　　　　　　　　　○○商事株式会社
　　　　　　　　　　　代表清算人　　　法務　太郎　㊞

　　　　　　　　　　　清算人　　　　　法務　一郎　㊞

　　　　　　　　　　　同　　　　　　　法務　次郎　㊞

(注) 決算報告書は，次に掲げる事項を内容とするものであることが必要です（会社法施行規則（平成18年法務省令第12号）第150条）。
1 債権の取立て，資産の処分その他の行為によって得た収入の額
2 債務の弁済，清算に係る費用の支払その他の行為による費用の額
3 残余財産の額（支払税額がある場合には，その税額及び当該税額を控除した後の財産の額）
4 一株当たりの分配額（種類株式発行会社にあっては，各種類の株式一株当たりの分配額）
※4に掲げる事項については，次に掲げる事項を注記しなければなりません。
①残余財産の分配を完了した日
②残余財産の全部又は一部が金銭以外の財産である場合には，当該財産の種類及び価額

PART 4　特例有限会社の登記簿と株式会社への移行手続

1　株式会社と有限会社を1つの会社類型（株式会社）として統合

　従来からあった有限会社は、会社法の制定により、「特例有限会社」として、有限会社の名前で会社法における株式会社として存続することになりました。

　特例有限会社とは、旧有限会社法に基づいて設置され、会社法のもとで株式会社として存続する会社で、商号中に「有限会社」という文字を用いるものをいいます。会社法施行に伴う必要な登記は原則として登記官の職権で行われます。次ページの見本例を見ながら説明します。

※1：旧有限会社法では、公告の方法は原則として定款に記載する必要はなく登記もされていません。会社法では、株式会社において公告方法は定款の絶対的記載事項ではなくなり、定款の定めがない場合は官報によることとされました（939条4項）。したがって、公告の方法について定款の定めがない旧有限会社については、職権で※1の登記をすることとしたのです。

※2、※3：会社法では、株式会社は発行可能株式総数（株式会社が発行できる株式の総数）を定めなければならないとされています（113条1項）。そこで、旧有限会社については資本の総額を出資1口の金額で除して得た数を発行可能株式総数とする旨定めています。また、発行済株式の総数も同じ計算式で得た数がその総数とみなされ、職権で登記されています。

※4、※5：出資1口の金額は、会社法の株式会社にはない概念であるから職権で抹消され、資本金の額は旧有限会社の「資本の総額」が会社法の登記事項名に変更されました。

※6：整備法9条1項は、旧有限会社の持分の譲渡に関する規制と同様の状態とするために定款の定めがあるとみなし、職権で登記しています。

※7：「存立時期」から「存続期間」に呼称名が変更されましたが、実務で設けている会社は少ないです。

☐ 特例有限会社の登記簿

商　号	第一電器有限会社	
本　店	東京都中央区京橋一丁目１番１号	
※１　公告をする方法	官報に掲載してする　　←（職権で新たに登記されたもの）	平成１７年法律第８７号第１３６条の規定により平成１８年５月１日登記
会社成立の年月日	平成１２年１０月１日	
目　的	１　家庭電器用品の製造及び販売 ２　家具，什器類の製造及び販売 ３　光学機械の販売 ４　前各号に附帯する一切の事業	
※２　発行可能株式総数	５０００株　　←（職権で新たに登記されたもの）	平成１７年法律第８７号第１３６条の規定により平成１８年５月１日登記
※３　発行済株式の総数並びに種類及び数	発行済株式の総数 　　５０００株 （職権で抹消されたもの）	平成１７年法律第８７号第１３６条の規定により平成１８年５月１日登記
※４　出資１口の金額	金１０００円	
※５　資本金の額	金５００万円	
※６　株式の譲渡制限に関する規定	当会社の株式を譲渡により取得することについて当会社の承認を要する。当会社の株主が当会社の株式を譲渡により取得する場合においては当会社が承認したものとみなす。 （職権で新たに登記されたもの）	平成１７年法律第８７号第１３６条の規定により平成１８年５月１日登記
役員に関する事項	東京都千代田区霞が関一丁目３番５号 取締役　　　甲　野　太　郎	（職権で登記事項名が変更されたもの）
支店	１ 大阪市北区若松町１５番地	
※７　存続期間	会社成立の日から満５０年	
登記記録に関する事項	設立	
		平成１２年１０月１日登記

2　特例有限会社の登記簿

　特例有限会社とは、旧有限会社法に基づいて設立され、会社法のもとで、株式会社として存続する会社で、商号中に「有限会社」という文字を用いるものをいいます（会社法の施行に伴う関係法律の整備等に関する法律（以下「整法」と略）2条1項・3条1項・2項）。会社法施行前の有限会社は、特例有限会社として存続し、原則として会社法施行に伴う必要な登記は登記官の職権で行われます。

1 旧有限会社と特例有限会社

　旧有限会社と特例有限会社を比べてみると次のようになります。

旧有限会社	特例有限会社	登　記
・社員、持分、出資1口 →	・株主、株式、1株	→出資1口の金額は職権で抹消
・役員の任期　なし →	・役員の任期　なし	
・資本の総額 　出資1口の金額 →	・発行可能株式総数と発行済 　株式の総数＝旧有限会社の 　資本の総額÷出資1口の金額	→職権で新たに登記
・有限会社は法律的に 　は閉鎖会社であった 　こと →	・株式譲渡制限の定めが定款 　にあるとみなす	→職権で新たに登記
・公告の登記　不要 →	・公告は官報に掲載してする 　旨の登記	→職権で新たに登記

2 特例有限会社の商号変更による株式会社への移行

(1)　定款変更手続

　特例有限会社が、通常の株式会社となって会社法の適用を受けるためには、株主総会の特別決議によって定款を変更し、その商号中に「株式会社」という文字を用いる商号変更をすることになります（整法45条1項）。

(2)　登記手続

　上記の定款変更をしたときは、本店の所在地において2週間以内に特例有限会社については解散の登記をし、商号変更後の株式会社については定款を添付し設立の登記を申請しなければなりません（整法46条）。

　この商号変更登記はいわゆる効力要件としての登記なので、設立登記申請書の登記すべき事項欄にあらかじめ登記がされる年月日は書けません。そこで、登記申請の年月日を明確にするため、登記の事由欄に、手続終了の年月日を記載します。この年月

日は商号変更の決議をした株主総会の日です。
　登記すべき事項は、通常の株式会社の設立登記の登記事項に、旧有限会社の会社成立の年月日とその商号および商号を変更した旨も記載します。

(3) 登記簿見本例
□ 特例有限会社の登記簿
(1) 株式会社についてする設立の登記（整備法46条，会社法911条）

会社法人等番号	０００ized０－００－０００００
商　号	第一電器株式会社
本　店	東京都中央区京橋一丁目１番１号
公告をする方法	官報に掲載してする
会社成立の年月日	平成１２年１０月１日
支　店	１ 大阪市北区若松町１５番地
存続期間	会社成立の日から満５０年
登記記録に関する事項	平成１９年１０月１日第一電器有限会社を商号変更し、移行したことにより設立 　　　　　　　　　　　　　　平成１９年１０月　１日登記

(2) 特例有限会社の解散の登録（整備法46条）

登記記録に関する事項	平成１９年１０月１日東京都中央区京橋一丁目１番１号第一電器株式会社に商号変更し、移行したことにより解散 　　　　　　　　　　　　　　平成１９年１０月　１日登記 　　　　　　　　　　　　　　平成１９年１０月　１日閉鎖

【著者略歴】
山本 芳治（やまもと　よしじ）

1958年、信州大学卒業。1993年、芝信用金庫に35年間勤務の後定年退職。
現在、登記と金融実務研究会代表・不動産コンサルタント。金融法学会会員。
著書に「新不動産登記法等と金融実務」、「公図・不動産登記簿の読み方・調べ方」、「登記簿の見方・調べ方コース（通信講座）」（以上、ビジネス教育出版社）、「危ない会社の見分け方・調べ方」（監修）、「商業登記簿等の読み方・調べ方」（初版・増補改訂版）（以上、ビジネス教育出版社発売）、「取引事故防止対策と債権回収」（共著・プレーン刊）がある。

これだけは知っておきたい
マイナンバー法人番号と会社・法人登記簿の見方

2016年7月15日　初版第1刷発行

著　者　山本芳治
発行者　山本芳治
発行所　アズミ
〒222-0023　横浜市港北区仲手原2-28-15
発売所　ビジネス教育出版社
〒102-0074　東京都千代田区九段南4-7-13
TEL03-3221-5361　FAX03-3222-7878
印刷・製本　亜細亜印刷

ⓒYOSHIJI YAMAMOTO Printed in Japan
ISBN978-4-8283-0623-0 C2030

はじめての人にもわかる！　実務にすぐ役立つ！

不動産調査のための
公図・不動産登記簿の読み方・調べ方
――契約書および登記申請書からの読み取り方――

山本芳治　著　　B5判326頁　　本体価格2,800円＋税

◇契約書⇒登記申請書⇒登記簿の閲覧・徴求という実務の流れに沿って解説
◇実際の登記簿を随所に採用し、活字も大きく、読みやすく、理解しやすい編集
◇新法に基づく解説、索引および主要登記所一覧を追加
◇実務経験の中から、使う人の立場で書かれた内容！

Q&Aでわかる　これだけは知っておきたい
新不動産登記法等と金融実務

山本芳治　著　　B5判320頁　　本体価格2,500円＋税

◇登記識別情報はどのように管理すればよいのか？
◇保証書制度に代わる事前通知制度または資格者代理人による本人確認情報提供制度って何？
◇申請書副本制度は廃止され、登記原因証明情報の提供が必須化された！
　登記申請で必要とされる登記原因証明情報って何？

取引の相手方調査のための
商業登記簿等の読み方・調べ方
――登記記録・定款・登記申請書からの読み取り方――

山本芳治　著　　B5判366頁　　本体価格2,800円＋税

◇株式会社や持分会社、医療法人等との取引で不可欠な登記簿調査に求められる知識を網羅
◇登記の申請方法から登記記録の読み方、印鑑証明書、代表者事項証明書等まで詳細に解説
◇申請書・添付書類記載例、登記記録例等多数収録